그래도 여행은 하고 싶어

그래도 여행은 하고 싶어

이희진 지음

모아북스
MOABOOKS

인생이란 삶의 의미를 다시 찾게 해주는
여행과 함께해야 합니다.

견디려고, 버티려고 하지 말고요.
나라는 존재와 잘 어울려서 사는 것,
그게 가장 근사한 행복입니다.

낯선 곳에서는 늘 내가 낯설다

월급쟁이 23년 동안 세계 300개 도시를 여행했다. 가는 곳마다 낯선 내가 기다리고 있었고 매번 새로운 나를 만나왔다. 그 여정 속에서 나는 어떻게 살아야 하는지, 내가 무엇을 위해 살고 싶은지 알게 되었다.

여행이란 낯선 자가 되어 보는 것이고, 무엇보다 이방인의 시각에서 세상 사람들의 삶을 바라보는 일이었다. 생김새와 환경은 달라도 어디든 사람 사는 건 다 같았다. 나와 별로 다를 바 없어 보이는 그들의 삶 속에서 도무지 이해할 수 없는 내 현실의 일들이 주마등처럼 스쳐 지나갔다.

'그랬어야 했구나. 그럴 수 있었겠다. 돌아가면 제대로 살아봐야지….'

일상에서는 일탈을 꿈꾸며 떠났는데, 일탈을 하고 보니 그 일상이 그리웠다. 참 얄궂다. 낯선 자가 되어 보면서 비로소 알게 되었다. 떠나온 자는 결국엔 떠나온 곳을 그리워하게 된다는 것을. 그리워할 수 없던 일상이 다시 그리워진다는 것이 '회복'인 것 같다. 기존의 세계에서는 느껴보지 못한 새로운 의미를 발견한 순간, 여행자는 자신의 일상을 그리움으로 회복하게 된다. 여행은 밖으로 떠나는 것이지만, 결국엔 안으로 회귀하는 '회복의 여정'이 아닐까. 여행을 통해 나는 더욱 단단해져 일상으로 돌아왔다.

수년 간 반복해온 거친 여행길은 깨달음이 되었고, 인생의 스승이 되어 주었다. 나는 여행을 통해 인생을 배웠다.

모든 순간에는 다 이유가 있었다. 아픔도, 슬픔도, 기쁨도, 환희도. 가장 힘든 시기를 지나자 가장 찬란한 순간이 기다리고 있었다. 끝이 보이지 않는 혼란 속에서도 길은 만들어졌다. 동트기 전이 가장 어둡고, 봄이 오기 전이 가장 추운 것처럼. 지금 견딜 수 없는 고통의 순간에 있다면 '조금만 더 버텨보자' 청하고 싶다.

인생살이에 지친 X세대 동지들에게, 삶의 무게에 흔들리는 MZ세대 후배들에게, 그래도 살아갈 만한 가치가 있는 삶이라 믿으며, 함께 멋지게 걸어가 보자, 터놓고 말하고 싶었다.

그 마음을 책에 담았다. 이 책이 그대의 손에 머무는 동안 위로와 용기를 얻길. 그리고 한 걸음 더 나아가고 싶다면 자신에게 '홀로 떠나는 여행'을 선물해보길.

이희진

01
행복, 가봐야 볼 수 있다

02
누구에게나 힘든 순간은 있다

03
상실은 성장의 다른 이름

04
내 마음의 거울

05
그래도 나는 떠난다

끝나지 않을 여정, ~ing

행복, 가봐야 볼 수 있다

사는 게 힘들다고 말한다고 해서
내가 행복하지 않다는 뜻은 아닙니다.

내가 지금 행복하다고 말한다고 해서
나에게 고통이 없다는 뜻은 정말 아닙니다.

- 이해인, 〈행복의 얼굴〉 중에서 -

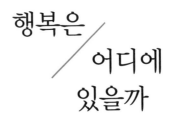

행복은 어디에 있을까

✈ 튀르키예 이스탄불

3년 만에 떠나는 유럽이다.

세상을 멈춰 세운 신종 바이러스의 음습한 공기가 가시고 드디어 하늘길이 열렸다. 나는 미루고 묵혀둔 안식월 휴가를 바로 꺼내 들었다. 여행 결핍으로 희미해진 내 삶의 맥박을 어서 되살려야 했다. 회사와 주변의 곱지 않은 시선이 등 뒤로 따갑게 날아들었지만, 배낭 하나에 의지한 채 33일간의 긴 여정으로 몸을 던졌다.

다시 시작된 유럽 여행의 첫 번째 목적지는 이스탄불이다. 아주 오랫동안 마음 한 편을 차지한 도시, 더는 외면할 수 없었다. 이스탄불은 유럽을 제대로 이해하려면 꼭 가봐야 할 도시다. 진작 알았으면서도 애써 모른 척 해왔다. 그동안 남들이 선망하는 여행지를 보란 듯이 먼저 다녀와야겠다는 허영심을 누르지 못한 탓이다. 이번에도 하마터면 그럴 뻔하다가 급하게 이스탄불을 끼워넣으면서 맨 앞에 세웠다. 다른 여정이 쭉 밀리거나 짧아졌지만, 이번에 미루면 영영 못 갈 것 같았다.

　유럽 여행이라 하면 프랑스, 이탈리아, 스페인 같은 서유럽을 먼저 떠올리게 마련이다. 여행 초보일수록 더 그런 것 같다.
　유럽 여정을 지속하다 보면 자연히 의문이 생긴다. 문화라는 의식의 흐름이다. 이것은 어디서 와서 어디로 흘러갔는지…. 유럽의 지정학적 특성상 육로를 통해 국경을 넘나들면서 문화의

유럽과 아시아 사이를 가르는 보스포루스 해협의 노을

상호 유사성을 반복하여 경험한다. 처음에는 우연처럼 보이지만, 이내 그 속 깊이 국경을 초월하여 거대한 의식의 흐름을 감지한다.

  지리상으로 유럽과 아시아 대륙의 중간에 자리 잡은 튀르키예는 일찍이 동서양 문화의 가교가 되었다. 보스포루스 해협을 사이에 두고 유럽과 아시아로 나뉘는, 튀르키예 제1의 도시 이스탄불은 세계 사상 유일하게 두 세계 제국(동로마제국, 오스만튀르크 제국)의 수도로서 번영을 구가했다.

보스포루스 해협을 건너는 수상버스

  수천 년 동안 동양과 서양의 문화가 만나 융합하며 공존해온 이스탄불은 "인류 문명의 살아있는 거대한 옥외박물관"(토인비)이라는 찬탄을 자아낼 정도로 유례없이 축복받은 도시다.
  토인비의 찬탄이 아니라도 이스탄불은 그간 내가 다녀온 300여 도시 가운데 단연 최고다. 곳곳에서 빛나는 고대 오리엔트 문명과 그리스·로마 문화의 자취가, 대제국의 영화가 그대로 남은 이슬람 문화와 어우러져 도시 전체가 문화의 향연장이다.

유럽 전역을 활보하며 온몸의 감각으로 경험하고 공부한 덕분에 이 도시에 도착했을 때 나는 흥분을 감출 수 없었다. 유럽이면서도 유럽과는 이질적인, 눈부신 문화의 결이 내 안으로 미끄러지듯 스며들었다. 이스탄불에 머무는 내내 나는 필설로는 형용할 수 없는 감흥에 젖어 있었다.

이질적인 두 문명이 만나 오랜 역사에 걸쳐 이룬 독특한 문화 가운데 노니는 일은 그 자체로 크나큰 즐거움이었다. 과거와 현재, 유럽과 아시아, 이슬람과 기독교, 성당과 모스크, 유적과 풍광, 바다와 해협, 제국과 변방, 요리와 디저트, 사람과 고양이… 끝없이 펼쳐지는 대비와 조화. 나만의 보물 상자에 꽁꽁 감춰두고 이따금 꺼내 자랑하고 싶은, 천년의 빛이 고스란한 보석, 이스탄불이다.

여행은 아는 만큼 새로운 세계를 보여준다. 여행을 떠나기 전 충분히 정보를 찾고 공부하는 것은 필수다. 현지에서는 주로 한인 민박을 이용한다. 이곳에서는 여행책에 없는 생생한 정보를 얻을 수 있어서 좋다. 이스탄불에는 한인 민박이 그리 많지 않지만, 숙소 관리자가 직접 도시를 안내해주는 데가 있어 주저

없이 선택했다. 그는 여행자들이 쉽게 지나치는 곳을 넘어, 현지인만 아는 진짜 이스탄불을 보여주었다. 내가 이 도시를 더욱 사랑하게 된 이유이기도 하다.

이스탄불의 마지막 밤, 늦은 시각까지 돌아다니다 지친 몸을 이끌고 숙소로 돌아왔다. 여러 명이 함께 머무는 민박집은 어느새 저마다의 여정을 품고 홀로 떠나온 여행자들로 가득 찼다. 이국에서의 새로운 만남은 언제나 반갑다. 자연스레 서로 인사를 나누고 각자의 짐을 정리하며 맘에 묻어둔 이야기가 쏟아진다.

"행복해지고 싶어서요."

그네들이 떠나온 이유다. 몇 달째 이 도시 저 도시를 떠돌아다니는 이유도, 남편을 두고 혼자 이곳에 온 이유도, 사직서에 잉크가 마르기도 전에 비행기에 오른 이유도, 이혼 후 아무도 모르는 곳으로 숨어든 이유도… 모두 행복을 찾기 위해서였다.

'행복'처럼 흔하디흔해진 나머지 무색무취해진 말이 세상에 또 있을까. 행복해지고 싶다는 말을 들을 때면, 예전의 나는 반사적으로 불편한 감정이 일었다. 내겐 언제나 눈앞에 목표가 우선이어서 그런 말은 추상적이고 한가하게 들렸다. 그때그때의 성과에 따라 평가가 수시로 갈리는 살얼음판에서 살벌한 경쟁이 끝없이 이어지는 가운데 실수나 뒤처짐은 용납되지 않았다. 이런 나에게 행복은 그저 팔자 좋은 사치라 여겼다. '행복'을 비아냥대며 냉소하기까지 했다. 행복이라는 말에서조차 멀어진 그때의 내가 어쩌면 가장 불행했을지도 모르겠다.

이스탄불에서 그네들과 함께 지새운 밤, '행복'이라는 말이 이전과는 완전히 다른 모양으로 내 안에 들어왔다. 촉촉이 젖어 들어가는 그네들의 말이 내 가슴에 빗물로 떨어져 금세 스며들었다. 절박한 삶을 끌어안은 말은 그만큼 절실했다. 그 조곤조곤한 얘기 가운데 '불행한 삶의 벼랑 끝에서 이제는 좀 행복해지고 싶다'는 절규가 묻어났다. 할 수만 있다면 바닥난 내 행복이라도 끌어다가 그네들의 텅 빈 마음에 부어주고 싶었다. 그네들과 마주한 내내, 나는 동시에 나 자신에게 물었다.

'나는 행복한가?'

나 또한 현실을 잊고 싶어 도망쳐 나온 게 아닌가. 현실 속에 버려두고 온 내가 그리웠다. 그동안 내가 진정 원하는 삶보다 남들이 부러워하는 삶이 행복과 성공인 줄로만 알고 무작정 달려온 것은 아닌지…. 과연 나는 얼마나 내 행복에 귀 기울여 왔는지…. 그날, 늦은 밤까지 출렁거리는 생각에 멀미가 일어 잠못 이루었다.

과감히 현재로부터 떠나온 그네들. 아마도 홀로 여행을 결심한 순간부터 행복을 찾아가는 진정한 여정이 시작되었는지도 모른다. 항공권을 예약하며 설레던 순간, 공항 게이트를 나서며 떨렸던 순간, 비행기가 활주로를 밀어내며 하늘로 날아오르던 순간까지. 그 모든 순간이 그네들에게는 해방이자 행복의 문을 여는 첫걸음이었길 빈다.

현실을 떠나온 우리는 머지않아 또다시 현실로 돌아가야만 한다. 여행이 행복에 도달하는 시간이 되어주었기를…. 살아보고 싶은 행복의 삶을 여행 속에서 미리 살아볼 수 있었기를….

그리고 새롭게 맞이할 현실 속에서도 그네들이 진정한 행복과 자유를 누리기를 진심으로 응원한다. 그리고 문득, 나의 행복 또한 나 자신으로부터 응원받기를, 스스로 더 따뜻하고 관대해지기를….

쉼표가
있어야
마침표도
찍을 수 있다

✈ 네덜란드 암스테르담

"한 번 갔던 데는 다시 가지 않는다!"

지금껏 고집해온 나의 여행 벽이다. 그곳은 이미 살아본 과거가 되었기 때문이다. 세상에는 죽기 전에 한 번은 가서 살아봐야 할 데가 얼마나 많은가. 갔던 곳에서 또 살아보기에는 시간이 너무 없다. 그래서 새로운 도시를 여행할 때마다 나는 '나중'을 생각지 않는다. 다시 올 수 없다는 마음으로, 매번 단 한 번의 기회처럼 여행을 준비한다. 철저히 계획하고, 여행이 끝날 때까지 그 도시를 온전히 느끼기 위해 모든 감각을 최대치로 끌어올린다. 여행하는 동안 끼니를 거르는 일도 잦다. 생각해보니 여행도 일처럼 해왔다. 지나친 면도 있지만, 이러한 열의가 나를 세계 300여 도시로 이끌었다. 미치지 않으면 여행도 멀리 연이어 미치지 못한다.

암스테르담을 처음 만난 때는 2015년이다. 서유럽 여행의 동선을 짜던 중 문득 대륙 끝자락에 붙은 네덜란드가 눈에 들어왔다. 한순간의 호기심에 일정을 흔들어 암스테르담을 끼워넣었다. 즉흥적인 변덕이 여행의 묘미를 더했다. 나는 도착하자마자 암스테르담의 매력에 푹 빠졌다.

"동경해오던 엽서 속 유럽이 드디어 눈앞에 펼쳐졌다."

그때 쓴 여행일기의 이 구절은 암스테르담을 보고 나서 쓴 것

암스테르담의 명물 워터프론트 하우스와 하우스보트

이다. 이곳을 떠나면서, '왔던 데는 다시 오지 않는다' 는 나의 오랜 여행 벽을 무시하고 '언젠가 다시 오겠다' 고 다짐하기까지 했다. 8년의 세월을 넘어 나는 진짜로 또 이곳에 왔다. 암스테르담은 나의 변덕을 부른 첫 번째 도시가 되었다.

"신은 세상을 만들었지만, 네덜란드는 사람이 만든 땅이다."

신의 축복이 아닌 인간이 직접 만들어낸 인공 낙원 네덜란드. 국토가 해수면보다 낮아 북해의 높은 파도와 끊임없이 맞서 싸워 만들어낸 아름다운 나라다. 오랜 세월을 보내고 지금은 자연과 하나로 어우러진 진정한 승자로 빛난다. 그렇게 나는 낮은 땅의 나라, 네덜란드에 다시 왔다.

네덜란드 여정의 시작은 암스테르담의 랜드마크로 꼽히는 중앙역이다. 하구에 말뚝을 박아 세운 이 역은 세계에서 가장 아름다운 기차역으로 이름났다. 예전 모습 그대로여서 더 반가웠다.

암스테르담은 100여 km에 이르는 운하와 1,500여 개의 다리로 이루어진 '운하의 도시' 다. 크고 작은 섬들이 낮은 다리로 이어져 빚어내는 독특한 풍경을 따라 발길 닿는 대로 걷기만 해도 절정의 정취에 가슴이 벅차다.

골목골목을 흐르는 각양각색의 배들과 장난감처럼 아기자기한 집들의 조화는 가장 유럽다운 풍경으로 시선을 사로잡는다.

삐뚤빼뚤한 모습의 독특한 건물, 춤을 추는 듯한 댄싱하우스들이 눈길을 딴 데 둘 틈을 주지 않는다.

걷다 허기가 지면 이곳 명물인 감자튀김을 사서 스페셜 소스

운하를 따라 만나는 암스테르담 풍경

에 찍어 먹는 재미가 쏠쏠하다. 손님들은 테이블이 없는 가게 앞에 다 같이 서서 감자튀김 먹방의 사이 좋은 이웃이 된다. 당이 떨어지면 바싹 쫀득한 스트룹 와플을 손에 들고 거닐며 오감 만족의 즐거운 여행을 만끽한다.

암스테르담에 간다면 꼭 들러야 할 곳, 반 고흐 미술관이다. 유럽을 한 달째 도는 가운데 프랑스 아를에서부터 고흐의 일생을 쫓던 내가 세계 최대 고흐 컬렉션이 소장된 이 미술관을 지나치는 건 참새가 방앗간을 모른 체하기나 마찬가지다.

가난 때문에 캔버스 양면을 사용하고 자신을 모델로 삼아 그림을 그려야 했던 고흐는 사후에서야 세계인의 사랑을 받게 된 비운의 거장이다. 그의 명작 〈해바라기〉 컬렉션, 〈꽃피는 아몬드 나무〉를 비롯한 최고의 작품들을 한 곳에서 가장 많이 만날 수 있는 미술관이 바로 이곳이다.

남프랑스를 거쳐 고흐의 삶의 궤적을 따라온 여행 끝에 마주한 작품들은 더욱 깊은 여운과 애잔함을 준다. 이곳에서 고흐의 생애를 되새기는 시간을 갖는다. 네덜란드는 고흐와 렘브란트라는 불멸의 화가를 낳았고, 참된 선과 최고의 행복 그리고 진정한 자유와 해방을 사유하고 탐구한 철학자 스피노자를 인류에게 선물했다. 이들의 빛나는 천재성은 어쩌면 이 나라의 창의적인 풍토가 싹틔우고 키운 특별한 재능이 아니었을까.

고흐 박물관에서

오랜만에 다시 찾은 암스테르담은 달라진 게 없을 테지만 처음엔 보지 못한 풍경들이 이제야 눈에 들어 색다른 매력으로 다가왔다. 시간을 낭비하지 않으려고 쉴 새 없이 걷고 또 걸었다. 뜨거운 재회는 해가 진 뒤 늦은 밤까지 계속되었다. 그렇게 하루를 마무리하고 숙소로 향했다.

유럽은 지역에 따라 물가 차이가 엄청나다. 특히 남부에서 북부로 발길을 옮기면 그 차이를 온몸으로 느낀다. 그중에서도 가장 큰 차이는 숙박비다. 암스테르담의 호텔 숙박비는 나 홀로 여행자에게는 가혹한 수준이다. 열기로 들끓던 청춘 시절에나 묵었던 도미토리 호스텔로 가는 수밖에 없다. 이 기숙사형 호스텔에 가려면 무료 페리를 타고 바다를 매일 건너가야 하지만 중앙역과 가깝고 시설도 깨끗해 가성비 좋은 숙소로 정평이 나서 주머니 가벼운 청년 여행자들에게는 성지와 같다.

이 호스텔의 카페테리아는 또 다른 세계였다. 마치 미국 드라마에서나 본 듯한 대학교 풍경이다. 하루의 여행을 마무리하고 돌아온 여행자들은 카페테리아에 모여 음악을 듣거나 맥주를 마시기도 하고 테이블 축구게임을 하는 등 각자의 방식으로 여유를 즐긴다.

장기 여행 중이던 나는 밤마다 도시별 세부 여행 계획을 세워야 했다. 한국에서 미리 세운 일정을 현지 사정에 따라 수정해야 했고, 미처 계획하지 못한 도시의 여행 준비와 공부도 필요했다. 카페테리아 한 편에 자리한 나는 매일 밤 벼락치기 시험 공부를 하듯 계획 세우기에 여념이 없었다.

하루는 정신없이 여행 계획을 짜고 있는데 아랍계로 보이는 한 남학생이 다가와 다짜고짜 말을 걸었다.

"넌 뭘 그리 심각해? 여기 여행 온 거 아니야? 그냥 즐겨! 여행은 즐기는 거잖아!"

방해받고 싶지 않던 나는, '네가 뭔 상관이냐' 는 투로 퉁명스럽게 말했다. '나 좀 혼자 있게 내버려 두라' 는 눈빛과 함께.

"내가 지금 좀 바빠서…."

남학생은 나를 이해할 수 없다는 듯 고개를 갸우뚱거리며 돌

세계에서 가장 아름다운 기차역, 암스테르담 중앙역

아섰다.

순간, 이상하게도 얼굴이 화끈 달아올랐다. 그의 눈에 비친 나는 어떤 모습이었을까.

모두가 설렘 가득한 여행지에서 여유를 만끽하는 사이, 여행마저 공부하듯 일하듯 빈틈없도록 열중하느라 아등바등하는 내 모습이 꽤 우스꽝스러웠으리라는 생각이 들었다. 잠시나마 현실에서 벗어나려고 떠난 여행지에 나는 내내 현실을 데리고 다닌 것이다.

나는 완벽한 여행을 꿈꾼다지만, 정작 진짜 여행의 의미를 모르는 건 아닐까. 불현듯 나는 여전히 일상이라는 우물 안에서 한 걸음도 벗어나지 못하는 소심한 개구리 같다는 생각이 들었다. 이럴 거면 혼자만의 여행을 예찬하지나 말든지. 혼자 떠난 여행에서조차 자승자박하는 꼴이라니 참. 가슴 한 편을 바늘로 찌르는 듯한 통증이 밀려왔다.

여행 '계획'은 나의 발걸음을 인도하는 나침반이었다. 하지만 그 속에서 나를 잃지 않으려면 순간의 여유를 놓치지 않아야 했다. 준비된 계획과 즉흥적인 즐거움 사이에서, 나는 나 자신을 온전히 놓아주는 방법을 찾아야 했다. 여행이 끌려다니는 노동처럼 느껴지는 순간은, 결국 일상에서도 마찬가지였다. 쉼표가 있어야 비로소 마침표가 의미를 띠듯, 삶도 그 속에서 균형을 찾아야 한다.

'오늘이 인생의 마지막 날인 양 최선을 다하라' 는 말은 삶의 분투를 끌어내는 데 유용하지만, 때로는 숨 막히도록 나를 옭아매는 강박이기도 하다. 자유로운 쉼 없이, 계획으로만 예정된 삶에서 진정한 인생의 의미를 찾을 수 있을까. 전력을 다해 질주하는 삶도 중요하지만, 그사이에 멈춰 쉬는 순간도 있어야 비로소 앞으로 나아갈 힘을 얻지 않을까.

쉼표(,)는 숫자 9를 빼닮았다. 1부터 9까지 쉼 없이 달려왔다면 10으로 넘어가기 전에 잠시 쉬어가라는 의미일지도 모른다. 내 삶의 서사는 때론 빈틈없이 빼곡하게 나열되지만, 이제부터라도 그 사이사이에 쉼표와 느낌표를 마음껏 넣어야 할 것 같다. 그리고 그 흐름 속에 찬란한 여유를 불어넣고 싶다.

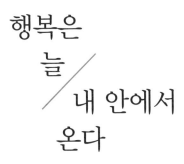

행복은
늘
내 안에서
온다

✈ 벨기에 겐트

도착 안내 방송이 나오기도 전에 배낭을 둘러메고 캐리어 손잡이를 꼭 부여잡는다. 기차 문이 열리자마자 용수철처럼 튀어나갈 기세다. 해는 시시각각 지평선을 향해 떨어진다. 해가 지평선에 닿기 전에 도착해야 한다. 그렇지 않으면 이 도시를 향해 힘들게 달려온 이유의 팔 할을 잃게 된다. 드디어 기차는 플랫폼에 미끄러지듯 도착한다. 나는 배낭의 무게를 느낄 새도 없이 냅다 달린다.

역사 밖으로 빠져나오려는데 공사 중이라 기차역 출구가 막혔다. 마음은 바쁜데 복잡한 미로를 통과하느라 벌써 숨이 턱에 찼다. 구도심으로 가려면 트램을 타야 하는데 어디로 가야 할지 몰라 한참을 헤매다 겨우 트램을 잡아타고 호텔 근처에 도착했다. 이미 땅거미는 시내를 뒤덮었고, 배낭의 무게는 그제야 어깨에 닿았다.

벨기에의 숨겨진 보석, 겐트. 이곳은 운하가 흐르는 도심의 야경으로 유명하다. '겐트의 야경을 보지 않으면 겐트 여행의 의미가 없다'고 할 정도다. 야경이 얼마나 아름답기에 그럴까, 궁금했다. 베네룩스 3국을 오가는 길목에 겐트를 끼워넣고 그 소문난 야경을 보기 위해 달려왔다.

야경은 일몰의 순간을 잡아야 제맛이다. 너무 밝지도 어둡지도 않은 그 마법의 순간을 놓치면 야경의 백미를 놓치는 셈이다. 지상 최고의 아름다운 야경을 영접하려면 빛이 살아있는 시

어둠이 짙게 내려앉은 겐트 구시가지와 레이에 강의 야경

간을 놓치면 안 된다. 그걸 알면서도 그만 앤트워프의 매력에 흠뻑 빠져 늦게 출발한 게 문제였다. 세계 교역의 중심지인 앤트워프는 유구한 역사를 자랑하는 문화의 도시이기도 하다. 마법의 순간은 놓치고 말았지만, 다음 날 한 번의 기회가 더 있다는 사실을 애써 위안으로 삼았다.

하늘을 올려다보니 어둡다 못해 흙빛이었다. 그래도 행여나 하는 기대에 숙소에 짐을 부려놓고 카메라만 챙겨 구시가지로 뛰어갔다. 연극이 끝나가는 마당에 뒤늦게 입장하는 관객의 심정으로. 저 멀리 환한 빛이 보였다. 그 빛을 쫓아 레이에 강을 가로지르는 성 미카엘 다리 위에 올라섰다. 연극은 가장 장엄했을 1막이 막을 내렸다. 아쉬운 듯 다른 빛이 살아나 노을 대신 연극의 2막을 열었다. 밤하늘 아래 수로를 따라 양 갈래로 늘어선 중세 도시는 강물에 비친 또 하나의 도시와 마주 보는 앙상블로 찬연했다. 몇 개의 가로등만이 비추고 있을 뿐인데 고색의 건물에서 반사되는 아우라에 도심은 온통 황금빛이다. 암흑의 하늘이 대비되어 화려하게 꾸며놓은 영화 세트장 같다.

아, 1막의 그 장엄한 석양을 봤어야 했는데…. 애석한 마음을 달래려 노천 펍에 홀로 앉아 애먼 맥주만 벌컥벌컥 들이켰다. 맥주의 나라 벨기에답게 식도를 타고 흐르는 맥주 맛이 이 와중에도 기가 막혔다.

깊어가는 겐트의 밤

　정신을 가다듬고 천천히 겐트의 밤을 따라 거닐다 보니, 어둠 속에서 중세 도시의 풍경이 하나둘 선명해진다. 신비로운 동화 속에 들어온 듯하다. 그때, 어디선가 은은한 피아노 선율이 흐른다. 멜로디를 따라가니, 성 니콜라스 성당 뒤편에 자리한 현대 예술 건축물 시티 파빌리온이 모습을 드러낸다. 개방된 야외 공간인 이곳은 독특한 삼각형 지붕과 기하학적으로 배치된 목제 패널, 유리가 어우러져 독창적인 미감을 자아낸다. 밤에는 내부 조명이 별빛처럼 쏟아지며, 하늘과 하나 된 듯한 환상적인 풍경을 연출한다.

　고풍스러운 도시 품에 안긴 현대적 예술 공간. 그 속에서의 피아노 선율은 지금껏 만나보지 못한 이색 풍경이었다. 많은 사람이 둥그렇게 모여 있고, 한가운데는 그랜드 피아노 한 대. 중년의 여성이 감미로운 클래식을 연주한다. 그녀가 연주를 마치자나이 지긋한 할아버지가 등장한다. 멜빵바지에 뿔테안경, 한 움큼 묶어낸 백발과 풍성하게 자라난 턱수염이 누가 봐도 음악가다. 피아노 버스킹 현장이다.

"또 연주하실 분 계신가요? 편하게 나와서 함께 즐겨요!"

그러자 후드티를 입은 젊은 남자가 수줍어하며 나오더니 연주를 시작한다. 손끝이 건반 위에서 움직이기 시작하자, 익숙한 팝송 멜로디가 흘러나온다. 마지막 곡은 콜드플레이의 〈비바 라

현대 예술 건축물 시티 파빌리온

비다(Viva La Vida)〉. 모두 함께 손뼉 치며 흥겹게 부르는 떼창을 끌어낸다. 즉흥적이라서 더욱 흥겹고, 모르는 사람끼리도 노는 데는 낯가림이 없다. 남들이 어떻게 평가할까 염려하여 쭈뼛대는 우리와는 사뭇 다른 풍경이다.

프랑스에서 중산층을 결정하는 기준으로 '악기를 다룰 줄 아는가' 도 포함된다는 걸 들은 적이 있다. 우리처럼 얼마의 자산, 몇 평의 자가 등 돈과 숫자로 평가되는 중산층이 아니다.

한밤의 피아노 버스킹

물질이 주는 만족의 기준이 아니라 삶의 태도와 교양의 정도가 기준이다. 마음의 행복이 가져다주는 정신적 가치와 풍요로움을 강조한다. 프랑스와 붙어 있는 이곳 벨기에에서 지금 내가 마주한 이 광경이 그들이 말하는 진정한 중산층의 삶이 아닐까.

노인의 연주 차례다.

피아노 앞에 앉은 그는 시작하기에 앞서 부드러운 음성으로 묻어뒀던 이야기를 꺼낸다.

"얼마 전, 가까운 친구가 갑자기 세상을 떠났습니다. 그를 보내며 하루하루 더 소중하고 행복하게 살아야겠다고 다짐했습니다. 지금 순간이 가장 빛나고 소중한 시간임을 느끼며, 우리 인생은 지금이 가장 청춘임을 깨닫습니다. 매일을 사랑으로 채우며 행복한 순간을 맞이하시길 바랍니다. 지금처럼요."

나도 모르게 울컥, 눈물을 쏟을 뻔했다. 야경 하나 놓쳤다고 자책하던 내가 부끄러웠고, 지금 이 순간의 행복조차 느끼지 못하고 있던 내가 가여웠다. 이렇게나 아름다운 겐트의 밤, 모두가 음악과 하나 되어 행복해하는 가운데에도 우두커니 이방인으로 남겨진 내 모습이 애잔했다.

이곳 겐트에서 태어난 작가 모리스 마테를링크는 동화 《파랑새》에서 행복의 의미를 전한다. 어린 남매가 파랑새를 찾아 나선 여행을 통해 '행복은 결코 멀리 있는 게 아니라 우리 가까이에 있다'는 메시지다. 일상의 평범한 것들이 진정한 행복이 될 수 있고 행복을 어떻게 느끼느냐는 자신에게 달렸다. 내게 닥친 시련과 아픔도 결국 내가 어떻게 바라보는가에 따라 삶의 모양이 달라질 수 있다.

중세의 모습을 그대로 간직한 겐트

　행복과 불행은 법정 스님 말씀처럼 밖에서 오는 게 아니라 내 안에서 만들어지고 사라지는 것이다. 행복은 내 안에 있으니 어디 멀리 밖에서 찾지 말라는 말씀이다.

　행복을 찾아 여행을 떠난 《파랑새》의 어린 남매처럼, 나 또한 끊임없이 여행을 떠난다. 내게 여행은 단지 특별한 이벤트가 아니라 일상의 또 다른 모습일 뿐이다. 그 여정 속에서 삶을 배우고, 조금씩 어른이 되어가는 나 자신을 돌아볼 때, 어쩌면 나는 이미 행복 속에 살고 있는지도 모른다.

　다음 날, 겐트의 아침이 밝았다. 남은 시간 동안 이 도시를 부지런히 걸어보기로 했다. 1300년의 유구한 역사를 지닌 겐트는 한때 파리 다음으로 유럽에서 가장 번성한 도시였지만, 시대의 흐름 속에서 점차 존재감이 희미해졌다. 새옹지마랄까. 그런 덕분인지 전쟁의 참화를 거의 입지 않아 중세의 원형을 고스란히 간직할 수 있었다.

수천 년 역사가 켜켜이 쌓인 유럽의 도시를 하루 이틀 만에 경험한다는 건 무리다. 선택과 집중이 필요하다. 겐트에서 내 선택은 두 가지. 하나는 겐트의 야경이고, 또 하나는 '겐트 제단화'를 보는 것이다. 이 작품은 유럽 미술의 최고 걸작이자 세계 보물 중 하나로 꼽히는 최초의 주요 유화다. 성 바보 성당 내부 별실에 전시된 이 작품은 병풍처럼 접히고 펼쳐지는 독특한 형태의 대작으로, 12개의 패널에는 그리스도를 상징하는 '어린양의 희생'이 정교하고도 장엄하게 그려졌다. 1432년에 이 작품을 완성한 플랑드르 화가 얀 반 에이크는 당시 레오나르도 다빈치 못지않게 유명했다.

이른 아침부터 도심을 한 바퀴 돌아본 뒤, 제단화를 볼 수 있는 시각에 맞춰 성당으로 향했다. 매표소 직원이 곧 제단화가 열린다고 알린다. 이미 패널이 펼쳐진 상태인 줄 알았던 나는 가슴이 뛰었다. 하루에 단 한 번, 패널이 열리는 순간을 만난다는 건 드문 행운이다. 여행은 이렇게 뜻밖의 기쁨을 선물하기도 한다.

제단화 ⟨Mystic Lamb⟩(신비한 어린양의 경배)를 안내하는 사인을 따라가니 엘리베이터를 내리자마자 바로크 거장 파울 루벤스의 웅장한 작품이 먼저 시선을 사로잡는다. 루벤스의 작품이 입구 장식에 불과할 정도라니, 제단화의 위상을 실감할 수 있었다.

천천히 별실로 걸어 들어갔다. 스테인드글라스에서 새어 나오

패널이 활짝 열려 있는 겐트 제단화

는 다채로운 빛은 배경이 되고 내부 조명은 오직 제단화만을 비춰 신비로움을 자아낸다. 일순, 나도 모르게 경건해진다. 제단화는 닫힌 뒷면마저도 하나의 완벽한 작품을 구성하는 요소다.

패널을 덮은 인물과 조각상의 그림이 너무도 생생해서 문득 말을 걸어올 것만 같다.

이윽고 오른쪽 위 패널이 서서히 움직인다. 소름이 돋는다. 성당 안에 울려 퍼지는 파이프 오르간 연주가 이 장엄한 순간을 더욱 고조시킨다. 황홀함의 극치란 바로 이런 순간일 것이다. 상하부 네 번에 걸쳐 아주 천천히 조심스럽게 열리는 패널은 그렇게 수십 분을 지나고서야 완전히 펼쳐졌다. 패널이 열릴 때마다 모습을 드러내는 제단화 속 그림에 나는 압도당해 입을 다물지 못했다.

유화 물감의 터치는 정교하고 세밀했으며, 화려한 원색의 색채가 더해져 살아 움직이는 듯했다. 그래서 세계에서 가장 자주 약탈당한 작품이 되었을까. 나폴레옹과 히틀러 같은 유럽의 폭군들까지 이 작품을 차지하려 혈안이 되었던 걸 보면, 그 예술적 가치가 얼마나 뛰어났는지 짐작할 수 있다. 하지만 그들에게 예술은 감상의 대상이 아니라, 값나가는 보석처럼 소유하고 싶은 전리품이었을지도 모른다.

이러고 보니 여행은 우연의 연속일 뿐인데 왜 나는 의도와 계획에 따른 필연의 결과라고만 여겨왔을까. 이곳 겐트에서도 신이 건네준 우연의 선물들로 나는 충만했다. 일몰의 야경 하나 놓친 상실감은 한밤의 피아노 선율만으로도 보상받고도 남았다. 나를 통째로 황홀의 바다에 빠뜨린 제단화는 내 마음이 평생을 먹고 살 양식이 되고도 남을 감동이었다.

염일방일(拈一放一). '하나를 얻으려면 하나를 놓아야 한다' 는 사자성어다. '다 가지려 하면 결국 두 손을 다 비우게 된다' 는 가르침을 여행이 알려준다. 욕심을 버리고 흘러가는 대로, 마주치는 대로 조금 더 편안한 길을 택하는 삶이 필요하다는 걸 깨닫는다. 우연과 필연이 어우러진 겐트와의 만남처럼.

비가 내린다. 다음 여정에는 또 무슨 우연이 기다리고 있을까. 설렌다.

지친 영혼이
쉬어 갈
안식처를
찾다

✈ 스위스 몬타놀라

　내가 태어난 거제도에서 나는 6개월도 채 살지 않았지만, 조부모님이 돌아가시기 전까지 명절마다 찾곤 했던 오랜 내 마음의 고향이다. 지금은 사라졌을지도 모를 그때 그 시골 풍경은 여전히 기억에 생생하다.

　해 저무는 저녁, 노랗게 물들어가는 논두렁을 걷다 보면 저만치 초가집 굴뚝에선 새하얀 연기가 뭉게뭉게 피어오르고, 검불 타는 냄새와 아궁이의 포근한 밥 향기가 온 마을에 퍼졌다. 철새들이 브이 자를 그리며 곡예하듯 날아가고, 저 멀리서 목동들이 소를 몰아오는지 풍경소리가 땡그랑거렸다. 그럴 때면 뺨을 스치는 쌀쌀한 바람이 시골집으로 돌아가는 발길을 재촉하곤

했다. 다시는 돌아갈 수 없는 그 날들과 그 속의 내가 문득문득 그립다.

기다리던 버스를 그냥 보냈다. 다음 버스도 보냈다. 시골 마을이라 하루 몇 대 없는 버스를 그냥 보내버리면 또 몇 시간을 기다려야 한다. 그런데도 더 머물 핑계를 대고 싶었나 보다. 차마 떠나는 발걸음이 떨어지지 않았다. 그저 멍하니 벤치에 앉아 있었다. 내 앞에 펼쳐진 이 고요하고 평화로운 풍경은 오랜만에 날 찾아온 그리운 그날이었다. 몬타뇰라. 스위스 남부 루가노 호수 가의 작은 마을 '스위스 속의 이탈리아'에 온 것이다.

몬타뇰라의 그림 같은 풍경을 만나면 기억 속에 묻어둔 내 마음의 고향을 찾은 듯한 평온을 얻을 수 있을 성싶었다. 헤르만 헤세도 이곳 몬타뇰라에서 자신이 그토록 원했던 평화를 찾았다고 했다. 그는 독일을 떠나 43년간의 긴 여생을 이곳에서 머물다 세상을 떠났다. 1946년 노벨문학상을 안겨준 《유리알 유희》를 비롯해 《싯다르타》, 《나르치스와 골드문트》 등 그의 대표작 대부분이 이곳에서 탄생했다. 불행한 가족사로 고통받은 데다가 제국주의 전쟁으로 치닫는 조국 독일의 폭력주의를 견디지 못해 스위스로 망명한 헤세에게 몬타뇰라는 평온한 삶을 안겨준 새로운 고향이었다.

헤세가 얻은 평화를 나 또한 얻을 수 있기를 기대하며, 몬타뇰라를 찾았다. 루가노역에서 버스를 타고 마을에 도착하자, 현실과 동떨어진 듯한 전원 풍경이 펼쳐졌다. 하늘 높이 곧게 뻗은 사이프러스 나무들. 푸른 들판을 가로지르는 어여쁜 오솔길. 나는 홀린 듯 그 길을 따라 걷기 시작했다. 길 끝에는 고풍스러운 종탑을 곁에 둔 성 아본디오 성당이 나를 맞는다. 머나먼 길을 떠나온 이방인이 곧 찾아올 것을 예감한 듯, 성당의 문은 활짝 열려 있었다. 그 안에서 나는 잠시 평온함에 잠겼다.

몬타뇰라에는 마을 곳곳 헤세의 이름이 적힌 이정표가 여행자를 안내한다. '헤르만 헤세의 길'이다. 헤세가 생전에 즐겨 걸으

헤세가 여생을 보낸 몬타뇰라 마을의 성 아본디오 성당

문이 활짝 열려있는 성 아본디오 성당

마을버스를 기다리던 벤치

며 사색에 잠겼을 고즈넉한 길이다. 헤세의 길로 통하는 나의 여정은 고요하고 평화로운 시골 마을부터 시작됐다. 어릴 적 걷던 내 고향길 같다. 자연이 어우러진 따사로운 골목길, 향기로운 꽃들과 풀 내음, 비탈진 언덕 위 알록달록한 집들의 풍경이 멀리서 찾아온 여행자를 포근하게 감싸 들인다.

이 길이 헤세에게 치유의 원천이 되고 작품의 영감을 불어넣었을 것이다. 그 옛날 헤세에게, 헤세의 흔적을 찾아온 숱한 나그네에게, 그리고 오늘의 나에게 고향길과도 같은 이 길을 내어준 몬타뇰라가 더없이 고맙다. 어디선가 헤세가 나타나 함께 걸어줄 것만 같다.

발길 닿는 대로 걷다보니 나무가 우거진 숲길 속에 작은 성채 같은 건물이 나타났다. 헤세가 생전에 머물던 집, 카사 카무치다. 입구에 들어서자 사진 속 말년의 헤세 얼굴이 따스하게 맞아준다. 이곳은 헤세를 추억할 모든 것이 전시되어 있다. 창가 책상 위 손때 탄 타자기와 동그란 안경, 낡은 밀짚모자가 눈에 들어온다. 나도 모르게, 작업을 하다 잠시 자리를 비운 헤세를 기다리게 된다.

몬타뇰라에 정착한 헤세는 고향을 잃은 방랑자로 또 인간의 영적 가치를 찾는 수행자로 평생을 살았다. 그런 그에게 가장 큰 위안이자 기쁨은 정원 가꾸기였다. 그는 정원에서 보내는 시간을 뺏기기 싫어 해가 진 뒤에야 글을 쓸 정도로 정원을 아꼈다. 정원의 달인이라고 할 정도로 세상을 떠나기 직전까지 정원에 매달렸다. 그의 저서 《정원에서 보내는 시간》, 《정원 가꾸기의 즐거움》 등은 단순한 기록이 아니라 그가 정원에 쏟았던 깊은 애정과 철학을 담은 증거였다. 헤세에게 정원은 영혼의 안식처이자 쉼터였을 것이다. 그는 말한다.

"땅을 경작하는 사람들의 일상은 부지런함과 노동으로 가득 차 있지만, 성급함이나 걱정 따위는 없다. 그 생활의 밑바탕에는 경건함이 있고, 대지, 물, 공기, 사계의 신성함에 대한 믿음이 있으며, 식물과 동물의 생명력에 대한 확신이 있다."

그의 일생을 느끼는 동안 문득 부모님이 떠올랐다. 세상 해맑은 영혼을 가진 내 부모님은 어머니 고향인 통영에서 텃밭을 가꾸며 보낸다. 씨앗 값도 나오지 않을 농사지만, 엄청난 애정을 쏟는다. 24절기를 따라 계절의 흐름을 읽고, 자연의 섬세한 변화를 온몸으로 느끼며 살아간다.

자급자족을 위해 소

헤르만 헤세 박물관

소하게 시작된 밭일은 이제 두 분이 감당하기 힘들 만큼 큰일이 되었다. 늙으신 부모의 건강이 걱정되어 '더는 무리하지 말아 달라' 몇 번을 말렸지만, 소용이 없다. 자식들보다 더 큰 기쁨을 주는 모양이다.

가끔 살아내면서 생긴 나의 걱정을 토로하면 부모님은 단순하지만 분명한 진리로 답을 준다.

"괜찮다. 그만큼 했으면 됐다."

헤세의 집에서 걸어온 길을 되돌아, 성 아본디오 성당 앞에 다시 섰다. 그의 무덤을 찾기 위해 발걸음을 옮기던 나는, 그림 같은 이 마을 풍경 속에서, 세상 어디에도 없을 평화로운 묘지공원을 마주했다.

잘 가꾸어진 묘지들을 하나하나 지나며, 그가 잠든 자리를 찾았다. 크고 화려한 묘지들을 다 지나쳐 외진 구석 장

헤르만 헤세 묘지

식도 없는 소박한 묘지가 헤세가 영면한 안식처였다. 작은 사각형 비석 위에 새겨진 낯익은 이름, HERMANN HESSE. 세상에 온 날과 떠난 날만이 무심한 숫자로 새겨 있을 뿐, 그의 시

한 구절도 어떤 수사도 없다. 세심히 살피지 않으면 지나치기 쉬운 외진 자리, 그래서 더욱 은둔의 시인이 잠들기 좋은 그곳에서 헤세는 죽어서조차 고요했다.

몬타뇰라는 그에게 단순한 고향을 넘어, 새로 태어난 삶의 터전이자 자연과의 교감을 통해 내면의 평화를 얻은 성지였을 것이다. 이곳에서 그는 과거의 상처를 잊고, 진정한 자신과 마주하며 다시 일어설 수 있었다. 몬타뇰라는 그에게 한 편의 시처럼, 또 다른 삶의 시작이었을 것이다.

평온해보이는 헤세에게 묵념으로 인사를 건네고는 조용히 돌아섰다. 나지막이 불어오는 바람 속에서, 헤세가 남긴 경구가 스치듯 마음을 울린다.

"내가 하고 싶은 일을 하고, 내가 하고 싶은 일을 믿고, 내가 믿는 일을 위해 노력하면 그것은 어느 순간 내 것이 된다."

《데미안》의 한 대목이다. 나를 가두는 무엇에도 얽매이지 말고, 자신의 길을 거침없이 걸어가라는 메시지가 마지막 인사처럼 다가왔다.

버스 정류장 앞 벤치에 앉아 한참을 떠나지 못하던 나는 결국 이날의 마지막 버스에 올랐다. 나의 길을 떠나기 위해….

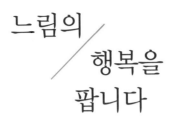

느림의 행복을 팝니다

✈ 이탈리아 오르비에토

비 오는 날이다. 신호등이 보행자 신호로 바뀌어 차를 세우고 기다린다. 연세 지긋해보이는 할머니가 우산을 들고 짐 보따리를 꼭 껴안은 채 건널목을 건넌다. 빗길에 미끄러질 듯 힘겹게 내딛는 할머니의 걸음은 더디기만 하다. 신호 시간 30초는 왜 이리 빨리 지나가는지. 신호가 바뀌었지만, 할머니는 아직 건널목을 벗어나지 못했다. 몇 초만 더 기다리면 될 것 같다. 차들이 그새를 못 참고 신경질적으로 경적을 울려댄다. 경적에 포위된 할머니는 죄인처럼 어쩔 줄 모른다.

'자기들은 평생 늙지 않을 건가?'

차 안에서 바라본 대한민국 수도 서울의 성마른 풍경이 씁쓸하다.

슬로시티의 발상지 오르비에토의 오후

문득 수년 전 가본 이탈리아 오르비에토 마을 풍경이 떠오른다. 이 도시는 '느리게 사는 삶'을 지향하는 세계 슬로 시티 운동의 발상지다. 마을엔 건널목을 빨리 건너야 하는 할머니도, 경적을 울리는 차도 없다. 내가 일상으로 보아온 '빨리빨리'의 풍경은 오르비에토에서는 남의 나라 얘기다.

슬로 시티, 오르비에토. 어쩌면 앞만 보고 내달려온 내 삶에 제동을 걸어 느림의 휴식을 줄 성싶은 느낌이 왔다. '느림'을 어떻게 느낄 수 있을까. 도시에서의 느림이라니 의구심이 들었지만, 궁금증이 더 컸다.

오르비에토는 해발 195m 바위산 꼭대기 마을로 성벽에 둘러싸인 900년 역사의 중세 도시다. 아득한 절벽 위 구름 속에 자리한 이곳은 인간계가 아닌 양 신비로운 기운에 휩싸여 있다.

어쩌다 이렇게 높은 곳에 도시가 생겼을까? 중세 시대, 전쟁이나 전염병 같은 재앙을 피하려는 방편이었다고 한다. 외부와 단절되어 시간마저 멈춘 곳. 오랜 세월이 지났지만, 마을은 처음 생겼을 때 그대로 중세의 시간에 머문 듯 보였다. 그 오랜 멈춤의 시간이 '느림의 미학'을 낳았을까. 거꾸로 가는 시계가 천천히 돌아가는 듯한 이 도시에는 중세의 시간 속으로 떠나는 여행이 나를 기다리고 있을 것만 같았다.

로마에서 1시간가량 기차를 타고 오르비에토에 도착했다. 역에서 바위산 위 마을로 가려면 푸니쿨라(경사가 심한 지역에서 운행되는 케이블 철도)를 타야 한다. 푸니쿨라에서 내려서는 또 구시가지로 가는 전기 셔틀버스를 타야 한다. 마을 안으로는 외부 차량 통행이 제한된다. 자동차 배기가스 때문이다.

나는 그냥 걷기로 했다. 서두르고 싶지 않았다. 아주 천천히 느리게 또 게으르게 걷기로 했다. 타박타박 걸어서 발길 닿는 대로 천천히 마을을 느끼고 싶었다.

마을 초입부터 느껴지는 느림. 겪지 않아도 예감된다. 이곳은 시간이 비켜간 듯, 중세의 모습을 고스란히 간직하고 있다. 돌집들이 이어진 좁은 골목길을 따라 걸었다. 집집이 꽃 화분으로 장식된 고요한 마을 풍경에 마음이 평온해졌다.

이 길을 지금도 가끔 회상한다. 오르비에토와의 첫 만남에서 나는 이미 느림에 동화되었다. 새들의 지저귐과 땅을 스치는 발걸음 소리 외에는 고요한 그날의 산책. 세월의 더께로 고색창연한 돌길을 느릿느릿 걷던 그 여유로움의 유혹이 매번 여행을 불렀다.

오르비에토에는 없는 게 많았다. 맥도날드 같은 패스트푸드 가게도, 화려한 네온사인도, 음료수 자판기도, 그 흔한 마트도 없었다. 그 대신 매주 두 번 열리는 재래시장에서 신선한 음식 재료를 살 수 있다. 지역 소상공인 보호를 위한 오래된 전통이라고 한다. 덕분에 이곳의 레스토랑에서는 마을에서 난 신선한 재료로 만든 전통 요리를 맛볼 수 있다. 그 요리에는 영양과 맛을 넘어 이 지역의 풍경과 사람들의 이야기가 담겼다.

거리를 걷다보니 소박한 외관의 수공예품 가게들이 눈에 들어왔다. 가게마다 주민들의 정성과 손길이 깃든 작품들이 가득했다. 투박한 데서 따스한 정감이 묻어났다. 빠르게 변하는 세상과 한 발짝 떨어진 이곳에서는 느릴수록 더 지극한 행복이고 투박할수록 더 지극한 예술이었다. 모든 자연스러운 것은 느리고 투박하다.

어쩌다 한 번 와서 겨우 하루이틀 머물다가는 나그네 마음으로야 감동이니 행복이니 호들갑이겠지만, 막상 이곳에 붙박여 살라 하면 한 달도 버티지 못할지도 모른다. 그래도 어쨌든 종일 이곳에 머물다보니 어느새 나도 느린 여행자가 되었다. 손엔 휴대폰 대신 커다란 종이 지도가 들려 있고, 오래된 방식대로 아날로그 여행을 하고 있다.

천천히 느리게 걸으니 모든 것이 새롭고 작은 것 하나하나가 더 깊은 이야기를 품고 다가온다. 마을 곳곳에 세워진 시계탑들이 눈에 들어왔다. 시계는 늘 나를 재촉하던 채찍이었다. 시간이 멈춘 이곳에서 시계는 그저 하나의 풍경이다. 오르비에토의 시계는 이렇게 말하는 듯했다.

"아직 시간은 충분하니, 천천히 가도 괜찮아."

느리게 살기. 오르비에토가 들려준 진정한 '슬로 라이프'는 단순히 과거로 돌아가자는 것이 아니다. 새것만을 쫓는 욕망을 경계하고, 앞만 보고 달리는 삶을 되돌아보자는 의미다. 그러나 내가 살아가는 현실은 '퀵 라이프'를 요구한다. 비 오는 날 택시 앱을 쓰지 못해 기다리는 노인들, 키오스크 앞에서 당황하는 어르신들, 디지털화된 세상 속에서 점점 낙오되는 세대들. 그들의 모습은 마치 미래의 나를 비추는 거울 같다. 언젠가 나도 속도를 맞추지 못하고 멈춰버릴까. 그 시기가 생각보다 빨리 다가올

오르비에토에서는 시간도 느리게 걷는다

것만 같아 문득 두려워졌다.

"속도를 줄이고 인생을 즐겨라. 너무 빨리 가다 보면 놓치는 것은 주위 경관뿐이 아니다. 어디로, 왜 가는지도 모르게 된다."
　미국의 가수이자 배우 에디 캔터의 이 충고를 떠올리며, 100미터 달리기 선수처럼 달려온 인생을 돌아본다.
　인디언들은 말을 타고 달리다 잠시 서서 자기가 달려온 길을 한참 동안 바라본다고 한다. 걸음이 느린 자신의 영혼이 따라올 때까지 기다려주는 행위다. 나도 그렇게 멈춰 서서 두고 온 것들을 기다려보기로 한다. 이내 삶은 속도가 아니라 방향의 문제

여행자도 느린 여행을 한다

임을 깨닫는다.

삶이 마라톤이라면 나는 아직 반환점도 돌지 않은 셈이다. 멀리 내다보며 천천히 가야 오래 갈 수 있음을 깨닫는다. 세상의 빠른 속도가 아니라 나만의 속도에 맞춰 걸으며 삶의 무게를 묵묵히 견디고 싶다. 남들을 따라가는 길이 아니라, 내가 진정 가고 싶은 방향으로 대담하고도 자유롭게 살아가고 싶다.

남의
인생을
부러워하지
않기로 했다

✈ 모나코 몬테카를로

"돈을 많이 벌어야겠다!"

고된 여정을 마치고 돌아오는 비행기 안에서 매번 혼자 되뇌는 말이다. 일탈을 꿈꾸며 떠난 여행에서 다시 일상의 필요성을 깨닫고 돌아오게 만드는 다짐이기도 하다. 여행에서 돈은 가치 있는 경험을 사는 데 중요한 수단이 된다. 월급쟁이인 나는 직장 생활을 통해 돈을 번다. 그러니 벗어나고 싶던 일상은 내가 찾는 행복을 위해 참고 견뎌야 하는 의무가 된다. 일상에서 촘촘하게 쌓은 돈과 시간으로 잠시라도 살아보고 싶은 삶을 찾아 세상 밖 나들이에 나서야 하므로.

누군가는 다년간의 여행 비용을 집 몇 채 값으로 환산하기도 하지만, 여행의 가치를 굳이 물질로 비교해야 할까 싶다. 나는 여행을 통해 돈으로 값을 매길 수 없는 경험과 깨달음을 얻곤 했다. 그중에서도 가장 소중한 깨달음은 내 삶의 주인공인 나를 발견한 것이고, 세상을 바라보는 눈을 갖게 된 것이다. 또 하나, 인생살이에 없어서는 안 될 '돈'의 진정한 가치와 돈을 대하는 태도에 대해서도 깨달은 바가 적지 않았다.

프랑스 속의 작은 나라, 모나코를 만났을 때였다. 니스에서 지척인 이곳에 도착하는 순간 완전히 주눅 들어버렸다. 기가 죽는다더니, 이럴 때를 두고 한 말 같았다. 모나코는 가벼운 마음으로 찾아온 이방인을 찬연한 빛으로 완전히 압도했다. 인구 3만

모나코 몬테카를로 바다 전망

6,000여 명의 모나코 공국은 세계에서 두 번째로 작은 나라지
만, 주민의 3분의 1이 백만장자다. 전 세계 상위 1%에 드는 슈퍼

요트가 즐비한 모나코 동쪽의 퐁비에유 항구

몬테카를로 카지노 광장

리치가 한데 모여 사는 부자들의 나라다.

여의도보다도 작은 면적이지만 1인당 GDP가 세계 최고 수준 (2024년 기준 약 23만 달러)이고 유럽의 대표적인 휴양지로 손꼽히는 관광 대국이자 카지노 왕국이다.

아름다운 지중해 전망이 바라보이는 언덕 위에는 동화가 아닌 현실의 왕이 사는 왕궁이 있다. 비탈진 길을 따라서 최고급의 호텔과 저택들이 빼곡하게 들어서 있다. 항구와 해변에는 집값을 능가하는 화려하고 멋진 요트들이 열을 맞춰 정박해 있다. 저 멀리 새하얀 보트들이 코발트빛 바다를 가로지르며 시원하게 내달린다. 거리에는 난생처음 보는 슈퍼카가 줄지어 다닌다. 패션쇼에서나 등장할 듯한 스타일 넘치는 사람들은 온몸을 명품으로 휘감고는 멋짐을 뽐내며 궁전 같은 카지노로 향한다.

세계에서 가장 유명하고 매혹적인 몬테카를로의 카지노 주변에는 고급스러운 명품 숍과 레스토랑, 카페들이 부자들의 발길을 끈다. 거리의 야자수와 조화를 이루는 조각품들, 광장에 흐르는 분수는 모나코 특유의 풍경을 자아낸다. 이 모든 화려함이 모나코의 온화한 기후와 따사로운 햇살과 자연스럽게 어울린다.

세계적인 부자들은 모나코를 '작은 천국'으로 부르며 몰려든다. 모나코에는 소득세, 양도소득세, 상속·증여세와 같은 대부분의 세금을 부과하지 않기 때문이다. 부자들에게는 조세피난처야말로 진정한 의미의 천국일지 모른다.

모나코는 인간이 누릴 수 있는 최고의 사치를 허락받은 나라처럼 보였다. 자본주의가 어디까지 인간의 허영심을 부풀리는지, 그 끝을 볼 수 있는 곳이 바로 이곳일 터였다.

어린 시절에는 나보다 잘나 보이거나 여유로운 사람들을 보면 배가 아플 만큼 부러웠다. 하지만 어른이 되고 많은 사람을 만나면서 점차 깨닫게 되었다. 겉으로 보이는 것이 전부가 아니라는 것을. 누구나 정도의 차이는 있을지라도 삶의 무게를 견디며, 크고 작은 근심과 걱정을 안고 살아간다. 남에게 말할 수 없는 아픔 하나쯤은 가슴에 묻고 살아가는 이들도 많았다. 그 모습을 수도 없이 마주하며, 나는 남의 인생을 부러워하지 않기로 했다. 나 자신과 맺은 굳센 약속이다. 각자의 길은 다르고, 그 끝이 어디로 향할지는 아무도 알 수 없기에.

"부자가 진정한 가치를 발휘하는 건 자신이 행복을 느끼는 삶을 가장 좋은 형태로 실현할 때다. 이것을 기억한다면 자신이 행복하기 위해 필요한 만큼의 돈만 있어도 충분하다는 걸 알게 될 것이다."

일본의 작가 스가와라 게이가 《부의 철학》에서 말한 부와 행복의 함수 관계다. 진짜 부자는 단순히 돈이 많은 사람이 아니라 '자신이 살고 싶은 인생을 자유롭게 원하는 대로 사는 사람'이라는 것이다.

숱한 연구에 따르면, 소득이 일정 수준 이상이 되면 돈 때문에 행복도가 상승하지는 않는다. 중요한 것은 소득 자체가 아니라 그 돈을 어떻게 소비하느냐다. 돈으로 욕망하는 물건을 사거나 원하는 자리에 오르면 그 순간만큼은 행복하겠지만, 그도 잠시뿐 더 큰 갈망으로 속이 타게 될 것이다. 그러나 돈으로 여행과 같은 경험을 사는 사람은 그 행복감이 꾸준히 높아졌다. 경험을 사는 소비가 곧 행복을 만든다.

나에게 여행은 행복을 주는 최고의 경험이다. 나는 여행으로 인생의 풍요로움을 느끼는 주인이 되었다. 또 여행을 통해 자신을 발견하고 인생의 변화를 꿈꾸게 되었다. 모나코 여행의 경험으로 '부자가 되어야겠다'는 긍정적인 결심을 하게 한 것처럼. 지금껏 아무도 부럽지 않을 만큼 일상에서 느끼는 결핍을 여행이 모두 채워주었다.

나는 앞으로 내 인생을 소유물이 아닌 여행이라는 경험으로 더욱 풍성하게 채워나가기로 했다. 그래서 더 많은 행복의 경험을 사기 위해 진정한 부자가 되기로 했다.

내가 부자가 되는 방법은 바로 일상, 즉 내 일을 절대 놓치지 않는다는 결심이다. 나는 지금도 일상에서 열심히 달리고 있다. 여행이 좋다고 나의 일상을 그만두거나 포기하는 일은 없다. 그것은 역행적인 선택일지도 모른다.

여행이 진정 아름다운 이유는 잠시 머물다 떠나기 때문이다. 잠시 현실을 잊을 수 있는 것으로, 잠시 답답했던 내 공간을 벗어난 것으로, '지금'이라는 시간에 온전히 취할 수 있는 것만으로 여행의 의미는 충분하다.

여행이 아름다운 또 하나의 이유는 다시 돌아갈 곳, 일상이 있기 때문이다.

누구에게나 힘든 순간은 있다

우리 인생의 가장 큰 영광은
결코 넘어지지 않는 데 있는 것이 아니라
넘어질 때마다 다시 일어나는 데 있습니다.

- 넬슨 만델라 자서전 중에서 -

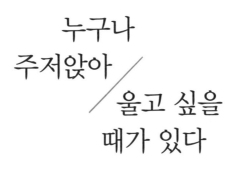

누구나
주저앉아
울고 싶을
때가 있다

✈ 스페인 세고비아

버스 창밖의 풍경이 새롭다. 스페인 여정의 마지막 도시 세고비아로 향하는 길이다. 도시를 이동하는 동안은 여행에서 가장 편안한 시간이다. 새로운 만남에 대한 설렘도 있지만, 모든 불안과 긴장을 잠시나마 내려놓고 쉴 수 있기 때문이다.

스페인의 뿌리인 카스티야 왕국의 수도 세고비아는 자그마한 마을이다. 2000년의 세월을 견뎌낸 로마 수도교와 디즈니 애니메이션 〈백설 공주〉 성의 모티브가 된 알카사르를 눈에 담고 싶다는 소박한 욕심으로 세고비아로 발길을 돌렸다. 마드리드에서 버스로 1시간 남짓 거리다.

버스에서 내려 조금 걷다보니 저 멀리 웅장한 로마수도교가 자태를 드러낸다. 로마수도교는 기원전 1세기경, 이베리아반도를 점령한 로마인들이 15km 떨어진 곳에서 마을로 물을 대려고 세운 거대한 구조물이다. 세고비아에서 가장 오래된 건축물로 총 길이가 728m, 최고 높이가 30m나 되는 2단 아치의 완벽한 형태다.

더욱 놀라운 것은 그 오래전에 수도교를 지을 때 화강암 돌과 돌 사이를 시멘트 같은 접착제를 전혀 사용하지 않고 쌓아 올린 것이다. 강풍이라도 불면 우르르 쏟아질 듯 위태로워 보이는데도 2000년을 그 자리에서 굳건하게 인류 역사와 함께해온 것이다.

세고비아의 관문인 양 길게 뻗은 로마수도교의 이곳저곳을 뛰어다니며 한참 뜯어보듯 감상에 빠졌다가 세고비아의 하이라이

백설 공주의 성 알카사르에서 바라본 세고비아 평원

트인 알카사르로 가기 위해 구시가로 들어섰다. 급한 마음에 발걸음을 재촉했지만, 구시가의 미로 같은 골목이 이내 나를 멈춰세웠다. 스페인의 중세 분위기에 이슬람의 색채가 녹아든 거리, 세고비아만의 독특한 매력은 골목을 거닐며 더욱 가까이 느꼈다. 조급한 마음을 내려놓고 한 걸음씩 천천히, 구시가의 아름다운 광장들과 골목 여기저기를 고루 누비며 세고비아의 정취를 한껏 만끽했다.

2000년의 세월을 버텨 온 로마수도교

　골목길을 따라 걷다보니 마침내 〈백설공주〉의 성, 알카사르가 나타났다. 세고비아의 가장 높은 언덕 위, 중세의 성벽에 둘러싸여 우뚝한 알카사르는 한 폭의 그림이다. 알카사르는 이슬람

백설공주 성을 닮은 알카사르

알카사르와 세고비아 평원

양식의 성과 궁전을 뜻하는 말로 스페인에는 여러 알카사르가 있는데, 특히 세고비아의 알카사르는 월트 디즈니의 〈백설공주〉에 나오는 성을 닮은 것으로 유명하다. 드넓은 벌판을 굽

어보며 하늘 높이 솟은 궁전. 고대 로마의 요새가 있던 자리에 12세기 알폰소 8세가 세운 후, 여러 왕의 손을 거치며 아름다움을 더해갔다.

성 안으로 들어가면 왕가의 화려한 삶을 말해주는 유물을 감상할 수 있다. 성 자체의 세련미뿐 아니라 성탑에서 내려다본 광활한 대지와 시내 풍경이 여행자를 매료시킨다. 동화로만 상상하던 성을 실제로 보는 느낌은 특별하다.

알카사르를 뒤로 하고 다시 마드리드로 가는 버스를 타기 위해 터미널로 향했다. 서두르기 위해 지름길을 택했다. 내일이면 한국으로 돌아가야 하므로 마드리드 시내에서 시간을 좀 더 보내고 싶었다. 초행길이라 행여 헤맬까봐 신경을 곤두세웠다.

그때였다. 거센 바람을 피해 고개를 옆으로 돌리는 순간, 가을로 무르익은 황금빛 광활한 들판이 눈앞에 펼쳐졌다. 들판은 엄마 품처럼 두 팔을 크게 벌려 따뜻하게 나를 감싸안았다. 목구멍까지 눈물이 차오르더니 이내 하염없이 눈물이 쏟아졌다. 내 몸의 물기가 모두 빠져나가도록, 한번 터진 눈물은 멈출 줄 몰랐다.

귓가를 스치는 바람 소리, 터벅터벅 지친 내 발걸음 소리, 코끝을 맴도는 자연의 깊은 향기가 눈물에 섞였다. 금빛 들판이 햇살의 온기로 나를 포근히 감싸며 눈물을 말렸다. '그래, 괜찮아. 여기까지 잘 왔다.' 대지의 요정들이 나지막이 속삭였다.

오늘만큼은 모든 걱정과 근심을 내려놓으라고, 그래도 되는 시간이라고, 토닥토닥 위로를 건네는 것 같았다. 이렇게 하염없이 눈물을 쏟은 건 두 번째다. 처음은 이탈리아 소렌토를 지나면서였다.

일상에 지칠 때쯤이면 떠나고 싶은 생각이 불뚝거렸다. 그때껏 가슴 깊은 곳에 켜켜이 쌓인 울음이 멍울지고 억눌렸다가 여행 중에 눈물 둑이 터졌지 싶다.

광활한 대자연 앞에서, 나는 먼지로 흩어져 날아가고 싶었다. 세고비아의 들판은 봇물로 터진 내 눈물을 가만가만 다독이며 말없이 다 받아주었다. 그 가만가만한 다독임이 백 마디 말보다 더 큰 위안으로 내게 스몄다. 한참을 울고 나자 마음이 한결 평온해지고 가벼워졌다.

그날 세고비아의 들판은 떠나가는 내게 속삭이듯 말했다.

"괜찮다, 괜찮다. 지금으로 충분하다. 잘하고 있다. 그러니 어깨를 펴라."

오늘의
시련은
내일의
희망이다

✈ 이탈리아 마테라

"다 이루었도다. 아버지여, 내 영혼을 아버지 손에 맡기나이다."

십자가에 못 박힌 예수는 검게 물든 하늘을 향해 외친다. 온몸에서 흘러내리는 핏물은 마리아의 눈물이 되고, 예수의 외침은 나약한 인간을 두려움에서 건진다.

2000년대 전 세계를 흔들었던 화제작, 예수의 12시간 고난을 그린 멜 깁슨 감독의 영화 〈패션 오브 크라이스트〉의 마지막 장면이다. 무섭게 몰아치는 황량한 언덕 위 모래바람. 천지를 깨우는 천둥소리는 십자가를 에워쌌던 깊은 협곡과 하나가 되어 명장면을 연출했다. 영화라기엔 너무도 사실적이어서 논란이 될 정도였다. 영화 속 예수가 십자가를 지고 오르던 골고다의 언덕 실제 배경은 예루살렘이나 나사렛이 아니라 이탈리아의 고대 동굴 도시 마테라였다. 오늘날과 같은 CG(컴퓨터 그래픽) 없이도 고대 예루살렘 시대의 성서적 공간을 그토록 실감 나게 연출할 수 있다니. 마테라는 어떤 곳일까. 여행자의 호기심을 한껏 자극했다.

이탈리아 고대 도시 마테라

마테라는 생소한 이름만큼이나 이탈리아의 주요 관광 도시와는 멀리 떨어진 남동부 중앙에 자리하여, 그곳으로 가는 여정 또한 만만치 않다. 장화 모양의 이탈리아반도 뒷굽쯤에 붙은 도시 바리로 넘어가 지역 철도를 타고 두 시간여를 가야 닿는다.

쌀쌀해진 초가을, 바리의 새벽을 깨우는 첫 기차를 탔다. 도착한 마테라 중앙역은 최신 시설을 갖춘 역사다. 역 앞 길게 늘어선 도로 입구에 동굴거주지 '사시(Sassi)' 안내 표지판이 눈에 띈다. 사람들은 모두 약속이나 한 듯 안내판의 안내를 따라 발걸음을 놓는다.

15분쯤 걷자니 널따란 광장이 시야에 가득 찬다. 마테라 구시가지의 관문, 비토리오 베네토 광장이다. 사람들이 유난히 붐비는 곳을 향했다. 인파 사이를 비집고 들어가 고개를 들었다. 그 순간, 차갑게 스치는 바람과 함께, 눈앞에 나타난 압도적인 풍경. 마테라다!

빛바랜 회색 돌집들이 언덕을 따라 층층이 촘촘하게 이어진 모습은 마치 오랜 세월 한 조각씩 맞춰진 거대한 석조 퍼즐 같다. 마침내 모습을 드러낸 마테라. 예상보다 더 경이로운 풍경 앞에서 절로 탄성이 터져나왔고, 동시에 왠지 모를 묵직한 울림이 밀려왔다. 그러나 이 강렬한 첫인상은 단지 시작에 불과했다. 마테라는 이내 나를 이끌고 고대의 시간 속으로 한없이 걸어 들어갔다.

마테라는 6만여 주민이 사는 한적하고 신비로운 도시다. 바실리카타주의 깊은 계곡, 해발 440m 고지대에 자리한 마테라의 역사지구를 '사시(Sassi di Matera)'라고 한다. 이탈리아어로 '돌'이라는 뜻의 사시는 선사시대부터 9,000여 년 동안 실제 사람이 살았던 곳이다. 세계에서 가장 오래된 정착지 중 하나로, 세계 3대 고대 도시로 꼽힌다. 바위산 절벽에 동굴을 파고 들어가 가축과 함께 생활했던 동굴거주지다. 원시 인간의 생활상을 고스란히 간직한 세계 유일의 도시다.

동굴에 집을 지어 도시를 이룬 마테라

멀리서 보면 가파른 산언덕 위에 집들이 무수히 겹친 모습이지만, 대개 입구만 따로 집처럼 지은 것이고 내부는 동굴 형태다. 마테라는 지중해 지역에서 가장 완전한 선사시대 동굴 거주 유적으로, 1993년 유네스코 세계문화유산으로 등재되었다. 이

보다 앞서 〈패션 오브 크라이스트〉, 〈벤허〉, 〈원더우먼〉 같은 영화 촬영지가 되면서 유명해졌다. 원형 그대로 보존된 고대의 풍경은 예루살렘 성지와 같은 신화의 도시를 재현하기에 그만이었다.

빼곡한 돌집들 사이 구불구불한 골목길

마테라 여행은 빼곡한 돌집들 사이 구불구불한 골목길을 오르내리며 헤매듯 걷고 또 걷는 것이다. 무엇보다 숨 막히는 마테라의 장관이 파도처럼 물결치는 5개의 파노라마 전망대를 돌아보는 것이 여정의 절정이다. 기막힌 풍경을 감상하자니, 문득 사라 브라이트만의 〈넬라 판타지아〉가 울려 퍼지는 것 같다. 나도 저 하늘의 구름처럼 영혼이 자유롭기를 바란 걸까.

저 멀리 그라비아 협곡 너머 비탈진 절벽을 따라 선사시대부터 형성된 동굴 군락은 이슬람 세력의 박해를 피해 숨어든 수도사들의 은신처였다.

마테라에서 절대 놓쳐서는 안 되는 풍경은 일몰 시간이다. 온 산언덕에 고대의 빛이 찬연하게 살아나는 그 순간을 바라보노라면 '이제 죽어도 여한이 없다' 할 만큼 아름답다.

하지만 마테라의 사시는 1950년대까지 전기·수도 등 기본 생활 시설조차 없이 소외된 유형의 땅이었다. 이탈리아에서 가장 더럽고 낙후된 이 도시는 국가의 수치로 여겨질 정도였다. 그러다 사시 동굴의 위생과 환경이 문제가 되면서 정부가 주민들을 신도시로 이주시킨 이후 수년간 폐허로 방치되었다.

1980년대 들어서야 마테라의 역사적·문화적 가치가 재조명되고, 전통 동굴 주거지를 보전하고 복원하는 움직임이 일기 시작했다. 그렇게 마테라는 시간 속에서 사라질 뻔한 과거를 품은 채, 새로운 도시로 부활했다. 이제 마테라는 이탈리아의 수치에서 벗어나 자랑이 되었다. 과거의 상처는 오늘날 찬란한 문화유산으로, 독특한 풍광과 함께 전 세계 여행자들을 불러 모은다.

과거 이곳을 터전으로 삼고 살아야 했던 주민들에게는 어떤 내일이 있었을까. 조금만 참아내면 좋은 세상이 올 거라는 믿음은 있었을까. 아무도 알아주지 않는 삶에 절망은 없었을까. 고통스런 하루가 일 년이 되고 수십 년이 되었을 것이다. 절망은 일상이 되고 희망은 한 가닥 빛으로도 남지 않았을 거다. 그럼에도 그들은 오랜 시간 묵묵히 인내하며 견디고 살아왔다.

예전에 나는 '견딘다'는 말을 참 싫어했다. 힘든 순간을 견뎌내는 것만큼 버거운 일이 없으니까. 그동안 살아오면서 깨달은 게 하나 있다. '세상에 거저 얻어지는 건 아무것도 없다'는 것. 내가 원하는 것을 얻기 위해선 그만큼의 대가를 치러야 했다. 시련과 아픔이 클수록 그 뒤엔 더 큰 기쁨이 나를 기다렸다. 원하는 걸 얻으려면 대가를 치러야 하고, 때론 그게 고통이다.

"우리가 원하는 기적은 우리가 하기 싫어하는 일에 숨어 있다"는 말이 있다. 현실이 힘들다고 피해 버리면 내가 바라는 내일은 올 수가 없다.

마테라는 한때 척박하고 고단했던 삶을 여유롭고 평온한 삶으로 바꿔놓았다. 유구한 세월과 인간의 삶이 빚어낸 곳, 시간이 멈춘 도시 마테라는 이제 새로운 희망의 시간을 향해 천천히, 그러나 확고하게 나아간다.

현실이 아무리 힘들어도 정면으로 맞서 묵묵히 나의 길을 걷다 보면 어느 순간 내가 바라던 내일에 도착해 있지 않을까. 척박한 환경에서도 수천 년의 삶을 견뎌낸 마테라 사람들처럼.

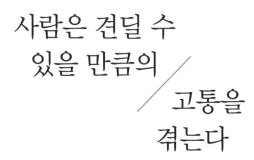

사람은 견딜 수 있을 만큼의 고통을 겪는다

✈ 룩셈부르크 비안덴

세기의 예술가들이 사랑한 유럽의 도시들에는 공통된 특징이 있다. 그들이 떠난 이후로도 여전히 우리에게 영감을 불러일으키는 아름다운 장소로 남았다. 그곳에 가면 예술가들이 영감을 받은 순간의 감성을 만날 수 있다. 중세 바로크 시대의 거장 루벤스가 사랑한 앤트워프, 폴 세잔의 생애와 함께했던 엑상프로방스, 고흐의 걸작들을 탄생시킨 아를, 샤갈이 잠든 생폴드방스가 바로 그런 곳이다.

룩셈부르크 비안덴은 망명객 빅토르 위고가 3년간 머물며 위대한 자취를 남긴 신비로운 마을이다. 수도 룩셈부르크에서 가까운 비안덴은 중세 시대를 그대로 옮겨놓은 듯한 동화 속 마을

빅토르 위고가 사랑한 중세 마을 비안덴

로, 빅토르 위고의 숨결과 예술 세계를 생생히 느낄 수 있다. 위고는 풍경을 그림으로 그려 남길 만큼 이곳을 사랑했다.

쌀쌀한 초가을 아침, 일찍 길을 나선다. 먹구름이 금방이라도 비를 쏟을 듯한 날씨지만, 발걸음은 가볍다. 여행지에서 매일 새로운 도시를 만나는 하루의 시작은 언제나 설렌다. 아침이라 출근하는 사람들로 거리는 분주하다. 잠시 멈춰 놓고 떠나온 내 일상의 아침이 겹쳐 보인다. 룩셈부르크는 세계에서 국민이 제일 잘사는 나라답게 열차, 전차, 버스 등 모든 대중교통이 무료다. 주머니 가벼운 여행자에게는 더할 나위 없는 혜택이다.

비안덴으로 한 번에 가는 교통편이 없어 열차를 타고 가서 마을버스로 갈아탔다. 시골 버스인데도 모든 게 최신식이다. 버스에 감탄하다가 이내 창밖을 보니 푸르른 들판, 한가로이 풀을 뜯는 소 떼, 가지 풍성한 나무들이 빼곡하게 들어찬 나지막한 언덕 숲이 그림처럼 스친다.

버스에서 내리자마자 세계에서 가장 아름다운 성으로 꼽히는 비안덴성이 여행자를 친절하게 맞는다. 성을 바라보며 걸어 들어간다.

로댕이 제작한 빅토르 위고 흉상

마을 입구에 들어서자 고개를 살짝 숙인 흉상이 눈길을 끈다.

로댕이 빅토르 위고를 기려 제작한 흉상이다. 위고의 표정은 어딘지 모르게 슬프고 고독해보인다. 파란만장했을 위고의 삶을 로댕이 표정에 새겨 넣은 걸까.

빅토르 위고는 《레미제라블》, 《노트르담의 꼽추》로도 우리에게 친숙한 작가다. 정치가이자 사상가이기도 한 그는 권력층의 부패와 독재를 풍자하고 사회 문제를 고발하는 글을 남겼다. 1851년에는 나폴레옹 3세의 쿠데타를 비판하다 추방당해 19년간의 긴 망명 생활이 시작되었다. 망명지에서 숱한 대작을 써냈다. 위고가 그랬고, 다산이 그랬고, 네루다가 그랬던 것처럼 고난은 개인으로서는 불행이지만, 숱한 걸작을 낳아 많은 사람을 행복하게 한다. 시대의 아이러니다.

"고통은 사람만큼이나 다양하다. 사람은 견딜 수 있을 만큼의 고통을 겪는다."

위고가 남긴 명언이다. 고통의 종류와 정도는 달라도 누구에게나 삶은 고통으로 다가온다. 그것을 어떻게 받아들이고 바라보느냐에 따라 자기 자신을 추락시키기도 하고, 일으켜 세우기도 한다. 그렇게 보면 위고의 말처럼 고통은 우리가 견딜 수 있을 만큼의 크기로 오는 게 아닐까.

'총량의 법칙'이라는 것이 있다. 모든 것에는 정해진 총량이 있고, 그것을 벗어날 수 없다는 이론이다. 어쩌면 삶도 마찬가지 아닐까. 고통과 기쁨은 시기에 따라 들쭉날쭉하지만, 결국 전체를 합쳐보면 균형을 이루고 있는 듯하니 말이다. 이미 겪은 고통이 많다면 앞으로는 즐거울 일이 더 많이 남았다는 의미이니, 삶은 고통을 겪을수록 더 살만해진다는 역설이 성립한다. 지금 아무리 고통스러워도 앞으로 남은 건 즐거움이니, 삶을 포기하지 말고 계속 밀고 나아가야 하지 않을까.

조각상 맞은편은 '빅토르 위고 문학박물관'으로, 나이 일흔에 3년간 망명 생활을 한 집이다. 아늑한 가운데 깊은 고요가 감돈다. 2층 작업실로 올라가는 발걸음마다 나무 계단 삐걱거리는 소리가 요란하다. 세월이 벌린 틈이 고요를 견디다 못해 일

빅토르 위고 문학박물관 내부

으키는 소란 같아서 슬며시 웃음이 난다. 위층 방으로 들어서자 사색에 잠긴 채 의자에 앉아 창밖을 바라보는 위고의 모습이 눈에 든다.

그에 동화되어 천천히 집을 돌아본다. 방 곳곳에는 그의 필체가 담긴 작품들과 직접 그린 그림들이 놓였다. 그림을 찬찬히 보자니 위고는 소설가가 아니었어도 탁월한 화가였으리라는 생각이 든다. 위고의 창에 고요한 마을이 들어와 비친다.

위고의 집을 나와 비안덴 성에 올랐다. 유럽에서도 손꼽히는 규모를 자랑한다더니, 과연 성에 올라 내려다보는 풍광이 가슴이 뻥 뚫리듯 시원스럽기 그지없다.

비안덴 성은 천년의 세월을 붙들어 고색창연한 채로 변함이 없지만, 나의 시간은 1초도 멈춤이 없어 이내 떠나야 하는 순간이 왔다. 비안덴 성의 평온과 고요가 떠나는 발걸음에 채여 문득 쓸쓸하다.

인생은 / 사인곡선을 그린다

✈ 이탈리아 친퀘테레

이탈리아 곳곳을 누비면서도 이상하게 한 군데만은 늘 스치듯 지나쳤다. 친퀘테레. 이곳은 내게 그저 사진 속 풍경 감상만으로 충분했을까. 어느 날, 이탈리아 북부 여행 계획을 짜는데 친퀘테레를 다녀온 후배가 열과 성을 다해 권유하는 바람에 마음이 흔들렸다.

죽기 전에 꼭 한 번은 가봐야 할 곳으로, 여행자들이 버킷리스트에 이름을 올린다지만 나는 이탈리아 전역을 몇 차례 돌고 나서야 못 이긴 듯 이곳을 찾았다. 막상 가서 본 친퀘테레는 신이 나의 마지막 감동을 위해 아껴둔 여행지라는 생각이 들었다.

친퀘테레! 이탈리아어로 '다섯 개의 땅'이라는 뜻이다. 이탈리아 서북부, 눈부신 리구리아 해안을 따라 다섯 마을이 일렬로 자리한다. 몬테로소 알 마레, 베르나차, 코르닐리아, 마나롤라, 리오마조레다. 가파른 절벽 위, 새 둥지처럼 올라앉은 형형색색의 마을들은 에메랄드빛 지중해와 만나 지상 최고의 아름다운 풍경을 자아낸다.

친퀘테레의 다섯 마을

친퀘테레는 해안 절벽으로 둘러싸여 기나긴 세월 동안 고립되었다. 150년 전, 기차가 처음 들어오면서 친퀘테레는 비로소 세상에 알려졌다. 지역 전체가 살아있는 역사관이자 박물관이어서 유네스코는 친퀘테레를 1998년 세계문화유산으로 지정했다.

친퀘테레는 18km 해안을 따라 펼쳐진다. 다섯 마을을 하루 만에 모두 둘러보기란 쉽지가 않아서 나는 '친퀘테레 하이킹 투어'를 선택했다. 이른 아침, 세계 각지에서 모인 여행자들과 함께 피렌체에서 출발해 친퀘테레의 다섯 마을을 모두 돌아보는 일정이다.

총 13시간의 강도 높은 일정을 소화해야 하는 고된 투어지만, 시간에 쫓기는 여행자가 하루 만에 친퀘테레를 경험할 수 있는 가장 좋은 방법이다. 나로서도 꺼릴 게 없다. 친퀘테레를 이렇게 만나는구나! 설렘 반 걱정 반의 여정이 시작된다.

친퀘테레 하이킹 투어가 시작되는 마나롤라

투어는 첫 번째 마을 마나롤라에서 시작된다. 아기자기한 골목길을 걷다가 비탈진 언덕에 올라서니 마을 전경이 한눈에 들어온다. 절벽 위에 색색이 레고 브릭을 쌓아올린 것처럼 빈틈없이 포개진 집들이 동화 속 그림 같다. 짙푸른 바다색으로 인해 마을의 색감이 더욱 선명하게 돋보인다.

두 번째 여정 코르닐리아

기차를 타고 5분 만에 도착한 두 번째 마을에 닿는다. 절벽 위에 자리한 코르닐리아는 바다가 정면으로 보이는 지중해 테라스 마을이다. 382개의 계단을 그늘 하나 없는 땡볕을 등지고 오른다. 언덕 정상에 올라서자 드넓게 펼쳐진 바다가 가쁜 숨을 몰아쉬는 나를 부드럽게 다독인다.

하이킹 강도가 점점 높아진다. 다음 마을 베르나차까지는 2시간에 걸친 거친 산길. 트레일 러닝에 가까운 고난도 투어다. 가파른 길을 몇 번이나 오르내리며, 간만에 하늘이 샛노랗게 변하는 순간을 경험한다. 장신의 외국인들과 보폭을 맞추려고 나는 뛰다시피 한다. 사진을 찍어가며 속도를 맞추느라 정신이 없다. 다리에 힘이 풀려 잠시 멈춰 서니 저 멀리 코르닐리아가 한눈에 들어온다. 보석처럼 빛나는 마을 전경을 보며 없는 힘까지 내어본다.

친퀘테레의 유일한 항구 마을, 베르나차에 다다랐다. 바다에 접한 작은 마을이다. 포구를 따라 알록달록한 집들이 언덕 위까지 줄지어 늘어서고, 그 주위를 계단식 포도밭이 감싼다. 절벽 위로 올라서 마을 전체를 조망할 수 있는 뷰포인트를 만난다.

걷다 지칠 만하면 이토록 아름다운 풍광이 하나씩 짠, 하고 나타난다.

세 번째 마을을 돌아봤을 때

세 번째 여정 베르나차

이미 체력이 바닥났다. 다음 마을인 몬테로소 알 마레는 어떻게 갔는지 기억조차 나질 않는다. 어느새 눈앞에 아름다운 해변이 마법처럼 펼쳐진다. 그때쯤 몸 따로 정신 따로 놀게 된 것 같다.

드디어 마지막 마을인 리오마조레에 도착했다. 거센 파도를 온몸으로 막아내는 장엄한 해안 절벽, 그 위에 집들이 형형색색으로 보석처럼 박힌 마을이 장관이다. 금빛 노을로 서서히 물드는 바다, 그 빛에 반짝거리는 마을… 숨 막히는 아름다움이다. 찬란하다 못해 신비롭고, 아름답다 못해 경이로운 풍경에 온몸의 피로가 일시에 녹는다. '죽음의 하이킹'이 끝내는 이렇게 '생동의 하이킹'이 되는구나.

나는 직업 특성상 경쟁 입찰도 주 업무다. 큰 입찰 건일수록 직원들과 함께 더욱 전력투구한다. 거의 한 달간은 초집중 긴장 상태에 돌입한다.

네 번째 여정 몬테로소 알 마레

친퀘테레 여행 후에 업무에 복귀하여 또 하나의 경쟁 입찰에 참여했다. 필사적으로 준비한 PT를 잘 마치고 결과를 기다렸다. 우린 백전불패의 완벽한 팀이니 이변이 없는 한 이번에도 승리는 확실했다. 아, 그러나 결과는 탈락이었다. 여러 뒷소문이 돌긴 했지만, 승부의 세계에서 결과를 놓고 입방아를 찧는 것처럼 부질없는 노릇은 없다. 그보다 우선은 낙담해 있을 팀원들의 마음을 수습하는 일이었다. 어떻게 위로해야 하나. 그때 마침 친퀘테레에서의 '죽음의 하이킹'이 떠올랐다. 이

내 마음을 담아 팀원들에게 메시지를 남겼다.

"인생을 살다보니 오르내림의 진리를 매번 깨닫게 됩니다. 아래로 한없이 떨어지다가도 크게 치고 올라올 때가 있고, 올라갔

마지막 여정 리오마조레

다른 방향에서 바라본 리오마조레

으면 또 잠시 내려오는 굴곡. 이번엔 내려왔으니 더 멋지고 좋은 일들이 우릴 기다리고 있다고 생각해주세요. '동트기 전이 가장 어둡다' 는 말처럼 밝은 태양을 기다리며 지금을 잘 견뎌주시기 바랍니다."

실제로 얼마 지나지 않아, 우리에겐 예기치 않은 대규모 프로젝트의 기회가 찾아왔다.

인생의 그래프는 사인곡선을 그린다. 오르막이 있으면 반드시 내리막이 찾아오고, 내리막이 지나면 다시 오를 날이 온다. 누구나 크고 작은 인생의 굴곡을 경험하며 살아간다. 시련의 시기를 잘 참고 견뎌내면 반드시 좋은 날이 온다는 사실. 인생을 살아가며 느낀 진리를 친퀘테레에서도, 일상에 돌아와서도 똑같이 겪었다.

"별을 보려면 어둠이 꼭 필요하다. 신은 다시 일어서는 법을 가르치기 위해 나를 쓰러뜨린다."

정호승의 시 〈상처가 스승이다〉에 나오는 구절이다. 시인의 통찰처럼 어둠이 있어야만 내 삶의 별을 바라볼 수 있다. 다섯 번의 고비와 다섯 번의 환희를 통해 별처럼 빛나는 인생을 경험한 친퀘테레 여정이다. 나는 여행을 통해 인생을 배운다.

고통을
넘어서는
힘은
나에게 있다

✈ 스위스 체르마트

"오늘 오후에 잠깐 시간이 되실까요. 드릴 말씀이 있어서요."

막내 사원이 조심스레 면담을 요청해왔다. 십중팔구 퇴사 얘기로 짐작했다. 이미 그가 업무를 벅차한다는 얘기를 들은 터였다. 막내 사원과 마주 앉아 얘기를 한참 듣고 나서 나직이 물었다.

"넌 너를 사랑하니?"

"네?"

당황한 그는 머뭇거리더니 이내 눈에 눈물이 고였다.

"네 이야기 속에 정작 너는 없잖아. 가장 힘든 건 너였을 텐데, 네 감정보다 남의 기분을 더 신경 쓰고 있어. 일도 네 성장을 위한 것이었다면 힘들어도 성취감을 느꼈겠지. 하지만 선배들

눈치를 보며 지적받지 않으려 버티기만 했어. 그러니 성장도 없고, 늘 제자리였던 거야. 지칠 만도 하지. 나라도 그랬을 거고."

이런 면담은 처음이 아니다. 갈수록 비슷한 고민을 털어놓는 직원이 늘어난다. 눈물을 흘리던 막내가 이윽고 말했다.

"저도 이제 독립적으로 살고 싶어요."

엄격한 가정에서 자란 그는 자기도 모르게 눈치 보며 살아온 자신이 순간 너무 답답했나 보다. 안타까웠다. 그의 내적 고통이 고스란히 전해졌다.

퇴사 후에 특별한 계획이 없다는 그에게 다른 직장을 바로 구하기보다, 먼저 자신을 찾으라고 조언했다. 본연의 자신과 대화하고 친해져야 한다고. 충분히 자신을 이해하고 잘 알게 되었을 때, 진정으로 원하는 일을 찾으라고 했다. 그리고 꼭 한 번은 혼자서 낯선 곳으로 여행을 떠나보라고 했다. 그 누구와도 아닌 자신과 함께하는 여행을….

괴테도 30대 젊은 시절에 '진정한 나'를 찾아 이탈리아 여행을 떠났다. 그는 3년간의 이탈리아 여행 중에 이렇게 말했다.

"내가 이 놀라운 여행을 하는 목적은 나 자신을 속이기 위해서가 아니라 여러 대상을 접촉하면서 본연의 나 자신을 깨닫기 위해서이다."

나는 여행을 할 때마다 새로운 나를 발견한다. 시간의 흐름 속에 나 역시 변해가기 때문이다. 또 그 여정에서 누구도 알려주지 않은 인생의 깨달음을 얻어 돌아온다.

막내 사원과 대화하다 보니, 문득 몇 년 전 스위스 여행이 떠오른다. 스위스의 주요 도시를 돌아보다가 '알프스의 여왕' 마터호른을 보기 위해 체르마트로 향했다.

해발고도 1,620m에 자리한 이곳은 세계적인 산악 리조트 마을로, 4,000m급의 30여 알프스 산봉우리가 병풍처럼 주위를 둘러싸고 있다. 창밖의 자연 풍광을 감상하노라니 파노라마 열차 빙하 특급은 종착지 체르마트역에 도착했다.

전기택시로 마터호른 뷰가 보인다는 호텔에 도착하자마자 창

'알프스의 여왕' 마터호른의 새벽

문 커튼을 힘껏 젖혔다. 그런데 마터호른이 안 보인다. 신이 허락한 사람만이 오를 수 있다더니 보는 것도 신이 허락해야 하나. 산악 마을에 이른 저녁 어스름이 내리면서 짙은 구름과 안개가 마터호른을 감쪽같이 숨겼다. 아쉬운 마음을 다독여 마터호른이 모습을 드러낼 새벽을 기다리기로 했다.

일주일 넘는 강행군에 피로가 물밀 듯 몰려왔다. 숙소 스파로 내려가 몸을 녹이며 휴식을 취했다. 발끝에 뾰족한 뭔가 느껴져 살펴보니 엄지발톱은 이미 반쯤 날아가고, 두 번째 발톱도 금세 날아갈 듯 덜렁거렸다. 그 숱한 여행 중에 발톱이 빠진 경우는 처음이다.

기다리던 새벽이 찾아왔다. 밤새 날씨 걱정에 바깥을 살펴보느라 자다 깨기를 몇 번이나 반복했다. 그도 성에 안 차 아예 커튼을 걷어두고 하늘을 지켜보았다. 어둡던 하늘이 서서히 밝아오면서 날씨도 기적처럼 맑아지기 시작한다. 안개가 걷히고 구름도 자리를 비키자, 감춰졌던 마터호른이 천천히 그 장엄한 자태를 드러낸다. 마을을 지키는 수호신이 저럴까 싶다. '초원의 뿔'이라는 뜻을 가진 마터호른은 깎아놓은 조각처럼 험준한 산세를 뽐낸다.

마터호른이 보이는 체르마트 마을

체르마트 마을 전경

마터호른을 비추는 리펠제 호수

리펠제 호수로 가는 길

먼동이 터 만년설 봉우리를 물들이는가 싶더니 순식간에 황금빛 피라미드로 변해버린다. 새벽 첫 햇살이 빚은 황금빛 마터호른을 보면 일 년 내내 행운이 따른다고 한다.

스위스에서 가장 오래된 전기 톱니바퀴식 산악열차를 타고 해발 3,089m의 고르너그라트 전망대에 오른다. 탁 트인 마터호른의 비경이 장엄하다. 손만 뻗으면 닿을 듯한 마터호른 수십 개의 봉우리가 나를 환영한다. 뒤돌아서서 보면 유럽에서 가장 거대한 알레치 빙하가 파노라마처럼 펼쳐진다. 무려 6만여 년의 시간을 품어온 빙하가 장대한 설경을 빚어낸다. 신비롭고도 영험한 기운이 온몸을 감싸는 이곳, 알프스의 웅장한 대자연 앞에서 나는 한없이 작아진다. 일상의 복잡한 고민도, 머릿속을 어지럽히던 생각도 부질없다.

전망대 아래 로텐보덴역에 내려 리펠베르크까지 하이킹을 한다. 마터호른이 그림자로 비치는 리펠제 호수를 따라 걷는 환상적인 코스다. 그때, 몇 걸음 걷지도 않았는데 발가락이 아려온다. 아침부터 계속 신경이 쓰였는데, 뭔가 탈이 난 것 같다. 그렇다고 이 순간을 멈출 수 없어 계속 전진한다. 발이 촉촉이 젖어오는 느낌이다. 땀이 아니라 피가 나는 게 분명하다. 어제까지는 통증이 전혀 없었는데, 발톱이 빠진 걸 알고 난 뒤부터는 계속 불편해졌다. 겨우 하이킹을 마치고 숙소로 돌아와 상처를 보자 통증이 심해진다.

뇌 과학에 따르면 인지와 통증은 밀접한 연관이 있다. 꼭 상처가 있다고 통증을 느끼는 것도 아니고, 통증을 느낀다고 반드시 상처가 나 있는 것도 아니다. 뇌는 우리가 인지하지 못하는 것은 알아채기 어렵지만, 한번 각인된 인지는 계속 통증을 유발한다. 내 발톱 통증도 그런 셈이다. 결국, 고통의 본질은 내 생각과 마음에 달렸다. 로마 황제이자 스토아학파 철인으로 유명한 마르쿠스 아우렐리우스는 《명상록》에서 이렇게 말한다.

"만약 당신이 외부에서 일어난 어떠한 일로 고통받고 있다면, 그 고통은 외부에 존재하는 것이 아니라 당신 내부에서 그 고통을 어떻게 평가하는가에 따라 느껴지는 것이다. 그 고통을 당장에라도 멈출 수 있는 능력은 당신 안에 있다."

사회생활을 하다 보면 내적 갈등과 스트레스로 심적인 고통을 받는 경우가 많다. 막내 사원이 겪었던 불안과 고통도 아마 그의 내면에서 비롯되었을지 모른다. 신입사원으로서 조직에서 겪는 어려움과 고단함이 자신이 전문가로 성장하기 위한 긍정적 고통이라고 인식했더라면, 조금은 더 잘 견뎌 내지 않았을까.

인간의 뇌는 잘 속는다. '할 수 있다'고 생각한 것은 어쨌든 해낸다. 뇌는 우리가 스스로 믿고 의지하는 대로 그 방향으로 가게끔 돕는다. 외부 조건보다는 자신에 대한 믿음과 의지가 중요하다.

땅이
끝나는 곳에
바다가
시작된다

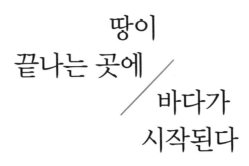

✈ 포르투갈 포르투

'여행에서 남는 건 사진뿐'이라는 농담이 있는데, 농담만은 아니다. 오래 지난 여행도 사진이 있어서 어제 일인 양 생생하게 떠오른다.

찰나의 풍경이 셔터를 누르는 순간 추억이 된다. 사라지는 시간이 카메라에 담긴다. 머릿속 기억은 금세 퇴색하지만, 사진은 오래 남는다. 또 같은 장소라도 사진 속 풍경은 단 한 장도 같지 않다. 빛이 다르고, 공기가 다르고, 감정이 다르다. 사진과 씨름하는 시간만큼, 내 여행이 더욱 바쁘고 촘촘한 여정이 되는 이유다.

지금 생각해보면, 그동안 만난 도시들이 내 사진의 스승이었다. 한 장의 사진을 얻기 위해 기다려야 했던 그 수많은 시간, 이리저리 뛰어다녔던 인고의 순간이 여행을 더 깊고 풍성하게 만들었다. 원하는 사진을 담는 순간은 돈으로는 살 수 없는 기쁨이다.

차가운 겨울날, 우연히 들른 경리단길의 한 와인바. 어느 사진작가의 작업실이기도 한 곳이다. 사진의 매력에 빠질 수밖에 없는 사진의 공간이다. 커다란 스크린 속, 한 컷 한 컷 돌아가는 작가의 작품들이 눈을 사로잡는다. 그중 익숙한 풍경 하나. 포르투의 밤이다. 순간 울컥했다. 차디찬 어둠 속에서도 포근했던 포르투의 밤빛. 지친 내게 따뜻한 위로가 된 그 순간이 아련하게 떠올랐다. 예고 없이 밀려든 감정이 조용히 마음의 문을 두

포르투의 동 루이스 1세 다리와 구시가지 풍경

드렸다.

포르투를 찾을 무렵 나는 나이 마흔, 중년의 사춘기였다. 중2에 온다는 사춘기가 마흔, 공자가 말한 불혹의 나이에 오다니. 나로선 중년의 무게를 짊어지기엔 준비도 부족한 데다가 안 하고 사는 것도 많고 하고 싶은 것도 많았다. 철들기 싫어서 남들 다하는 결혼도 하지 않고, 하고 싶은 게 많아 앞뒤 가리지 않고 유혹에 쉬이 빠지고 마는 때였다. 세상의 순리를 거스르는 것만 같아 공연히 숨이 턱턱 막히던 때였다. 멀리 떠나보면 숨이 좀 시원하게 트일까 싶어 선택한 곳이 포르투갈이었고, 그 첫 도시가 포르투였다.

그렇게 나는 땅이 끝나고 바다가 시작되는 곳, 대륙의 끝으로 향했다. 이번엔 여느 때와 달리 세부 계획을 세우지 않았다. 30분 단위로 엑셀에 빼곡하던 여행 시간표 없이 큰 틀만 짜고 무작정 떠났다. 나는 여행도 일도, 뭐든 계획 없이는 아무것도 하지 않는 계획 벌레였다. 그때 처음 알았다. 빈틈없이 짜인 일정이 그동안 나를 얼마나 숨 막히게 했는지. 느슨하게 흘려보낸 포르투의 시간이 지금까지 소실되지 않은 기억으로 온전히 남은 이유기도 하다.

대항해 시대를 열었던 나라, 포르투갈. 가는 길은 멀었다. 처음 만난 포르투는 아름다운 항구 도시로 2000년 역사를 자랑한다. 왠지 여기서는 자유로운 시간을 보내고 싶었다. 느릿느릿 걸으며 보이고 느껴지는 것에 충실하면, 왠지 마음이 평온해질 것 같았다.

　4월의 포르투는 비 온 뒤 맑게 갠 하늘과 싱그러운 바람으로 나를 맞았다. 유유자적 걷노라니 감미로운 음악이 발길을 끌었다. 유유히 도시를 가로지르는 도우루 강변 곳곳에서 버스킹이 한창이다. 언덕길을 따라 늘어선 알록달록한 집들은 강과 어우러져 한 폭의 그림이다. 그중 동 루이스 1세 다리가 눈길을 끈다. 파리 에펠탑을 설계한 구스타프 에펠의 제자 테오필 세이리그가 1886년에 완성한 아치형 철교다. 한때 흉물로 여겨지기도 했지만, 이제는 포르투의 파노라마를 완성하는 상징으로, 포르투에 있다는 실감을 안겨주는 특별한 장소다. 걷고 또 걷다보니, 어느새 포르투에 스며들었다. 시간이 비껴간 듯 옛 모습을 그대로 간직한 포르투는 안온하다. 근심 걱정은 자연스레 저편 어디론가 사라지고 가뭇 없다.

　포르투는 '세상에서 가장 아름다운

포르투 시내 전경

~' 이라는 타이틀을 가장 많이 가진 도시다. 세상에서 가장 아름다운 카페, 세상에서 가장 아름다운 맥도날드, 세상에서 가장 아름다운 기차역…. 가장 아름다운 것투성이다.

상벤투역은 숙소 바로 앞이라 매일같이 찾던 기차역이다. 상벤투역에는 장관이 펼쳐진다. 내부를 가득 채운 2만여 장의 아

렐루 서점

아줄레주로 꾸며진 상벤투역

줄레주다. 아라비아어에서 유래한 아줄레주는 '작고 아름다운 푸른 돌'이라는 의미로, 포르투갈의 도자기 타일 장식을 말한다. 포르투갈 곳곳의 건축에 구현한 푸른빛 타일의 물결은 주민들의 일상을 아름답게 비춰준다. 상벤투역 내부는 포르투갈 건국부터 대항해 시대 영광의 순간들과 서민들의 삶의 모습을 푸른빛의 장엄한 풍경으로 새겨놓았다. 역사의 파노라마가 푸른 파도로 넘실거렸다.

포루투에는 세상에서 가장 아름다운 서점도 있다. 렐루 서점이다. 수많은 여행자들이 몰려들어 한 시간을 넘게 줄을 선다. 《해리 포터》의 작가 조앤 K. 롤링이 이곳의 계단에서 영감을 받아 호그와트 마법 학교의 '움직이는 계단'을 탄생시켰다는 이야기 때문이다. 붉은 주단을 깔아놓은 듯한 우아한 계단은 회오리 모양의 곡선으로 2층까지 이어진다.

조앤 롤링이 자주 찾은 것으로 알려진 100년 전통의 마제스틱 카페도 세계에서 가장 아름다운 카페로 꼽힌다.

《해리 포터》의 배경이 된 런던과 코임브라, 그리고 이곳 포르투는 조앤 롤링에게 영감을 준 장소로 세계적인 명성을 얻었다. 《해리 포터》의 파급력이 어마어마하다. 사실 판타지 장르를 그리 좋아하지 않는 나는 《해리 포터》를 소설로든 영화로든 한 편도 본 적이 없어서 이곳을 방문할 때마다 큰 감흥이 없었다.

그러나 포르투를 만나면서 정작 관심이 쏠린 것은 《해리 포터》의 세계가 아니라 롤링의 인생 스토리였다.

롤링은 오늘날 세계에서 인세 수입이 가장 많은 작가다. 이전까지 그의 인생은 처참한 실패의 연속이었다. 대학 졸업 후, 포르투에서의 짧은 결혼생활이 이혼으로 끝나고, 다시 돌아간 영국에서는 노숙자 다음으로 가난한 삶, 정부 보조금에 의존하는 궁핍한 실업자이자 싱글 맘으로 살아야 했다. 《해리 포터》 원고는 열두 군데 출판사에서 거절당한 끝에 눈 밝은 출판인을 만나 빛을 보았다.

"실패가 두려워서 아무것도 시도하지 않는다면, 실패는 없겠지만 삶 자체가 실패로 돌아간다."

롤링의 말이다. 그가 연속된 실패를 견디지 못하고 포기했다면 지금의 부유하고 영예로운 삶도 얻지 못했을 것이다. 그는 실패를 통해 자신이 진정 원하는 것을 깨달았다. 그것이 바로 글쓰기였다.

마흔이 훌쩍 넘었지만, 나는 여전히 실패를 거듭하며 나를 찾아가는 중이다. 나도 롤링처럼 역경과 실패를 통해 '마음의 근육'을 다져가고 있는 걸까. 대륙의 끝에서 바다가 시작되듯, 실패는 끝이 아니라 새로운 문을 여는 또 다른 시작이다. 나는 이 새삼스러운 깨달음을 작별 인사로 남기고 포르투를 떠났다.

그 고통
또한
지나갔다

✈ 프랑스 파리

파리에 도착했다. 다시 오기까지 3년은 무척 길었다. 코로나는 나를 바닥으로 내동댕이쳤다. 오갈 데 없는 정신머리를 부여잡고 어찌 견뎌왔을까 싶다. 지난 3년은 내 인생의 지독한 시험 무대였다. 그동안 '세상에는 노력해서 안 되는 건 없다' 고 철석같이 믿어왔다. 이제껏 실제로도 그랬다. 코로나가 터지고 5개월쯤 지나서야 알았다. 아무리 버둥거려도 안 되는 일이 있다는 걸.

고객사들은 줄줄이 계약을 종료했고, 내내 함께해온 파트너사들마저 금고 문을 닫았다. 세상의 돈줄은 디지털 전환 시대를 맞아 모두 온라인 세계로 흘러들었다. 자부심의 원천이던 수십 년 경력이 허망하게 힘을 잃었다. 내려앉은 본부 매출과 성과는 만회할 기회조차 없었다. 코로나가 그토록 오래 갈 줄 몰랐다. 코로나는 더 이상 핑계가 되지 않았다. 당혹과 공포가 숨통을 조여왔다.

어느 날 눈을 떠보니 사막 한가운데 홀로 버려진 느낌. 지루한 싸움은 앞이 보이지 않았다. 잠시나마 이 고통스러운 현실을 벗어나야 살 것 같았다. 거미그물에 걸린 나방 같아서 자유가 그리웠다.

그러던 어느 날, 환상 같은 장면이 눈앞에 아른거렸다. 화창한 오후의 잔잔한 바람과 싱그러운 풀 내음, 사람들의 나지막한 속삭임이 음악처럼 들려오던 순간. 그곳은 프랑스 파리의 뤽상부르 공원이다. 지친 심신의 위안을 위해 휘발되지 않은 기억이 작동한 걸까. 내 기억의 작동이든 신의 계시든 아무려면 어때.

오후의 파리 뤽상부르 공원

가자! 뤽상부르 공원.

그러려면 정신부터 차리고 언제 끝날지 모를 코로나 이후를 대비해야 했다. 다시 돌아올 일상과 달라질 세상을 준비하며 숨 죽여 때를 기다렸다.

이윽고 일상이 제자리를 찾기 시작했다. 평범한 하루야말로 기적 같은 축복이라는 걸 그때 알았다. 그렇게 고통이 지나갔다. 긴 터널을 빠져나와 돌아보니 고통은 이미 지나온 길이었다. 때를 기다리며 차근히 준비해온 계획들이 날개를 달고 날아올라 나를 코로나 이전보다 높이 데려다놓았다. 아, 나는 이제 파리로 간다.

파리 리옹역에 도착했다. 파리에서 머무는 시간은 단 7시간. 원래는 장기 여행 중간쯤 파리에서 사흘 정도 머물면서 쉴 계획이었다. 하지만 그 무렵 프랑스 전역을 뒤흔든 과격한 연금 시위로 인해 그 계획은 물거품이 되었다. 차라리 파리에 가지 않아야 했지만, 죽을 만큼 힘든 순간 내 기억으로 찾아와 위로하던 파리를 잊을 수 없었다.

기차역에 짐을 맡기고 몸이 기억하는 길을 따라 뤽상부르 공원으로 향했다. 그리웠던 파리의 풍경 속을 걷는 것만으로도 행복감이 차오른다. 이제야 실감한다. 그토록 그리워하던 예술과 낭만의 도시, 내가 다시 파리에 돌아왔음을.

거리를 따라 분위기 좋은 노천카페들이 즐비하다. 자그마한 카페에서 따끈한 바게트 샌드위치와 커피를 사서 들고 얼마를 걸었을까. 뤽상부르 공원 정문이 우아하게 나를 맞는다.

뤽상부르 공원은 여전히 아름다웠다. 아, 그토록 기다려온 순간, 초록색 의자에 등을 맞대고 앉는다. 따스한 햇볕, 솔솔 부는 바람… 사르르 눈이 감긴다. 달콤한 낮잠 속으로 빠져든다.

뤽상부르 공원의 오후

"젊은 시절 한때를 파리에서 보낼 행운이 그대에게 따라 준다면, 파리는 움직이는 축제처럼 평생 당신 곁에 머물 것이다. 내게 파리가 그랬던 것처럼….."

어니스트 헤밍웨이의 이 문장은, 내가 유럽을 여행할 때마다 파리를 여정에 꼭 넣고 싶은 마음을 가장 잘 대변한다. 그가 사랑한 이 도시, 그리고 그가 즐겨 거닐던 뤽상부르 공원. 파리는 한 번 머문 이의 마음속에 오래도록 남아 다시 찾고 싶어지는

공원가는 길에 만난 에펠탑

곳이다.

1615년 프랑스 양식으로 조성된 뤽상부르 공원은 파리에서 가장 아름다운 공원으로 시민들이 사랑하는 휴식처다. 울창한 숲 길과 탁 트인 잔디밭, 곳곳에 자리한 조각상들이 공원의 차원을 넘어 예술 전시장을 방불케 한다. 궁전과 조화를 이루며 품격을 더하는 이곳은 파리의 푸른 심장이다.

공원을 찾은 파리지앵들은 저마다의 방식으로 느슨한 하루를 보내는 모습이다. 덩달아 유유자적해 보지만, 이내 떠나야 할 시간이다. 훗날 또 힘든 시간이 오면 오늘의 이 기억이 살아나 나를 위로할까.

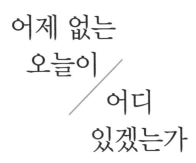

어제 없는
오늘이
/ 어디
있겠는가

✈ 헝가리 부다페스트

"혹시 지금 부다페스트에 계신가요? 현지 사고 소식을 전해주실 수 있을까요?"

휴대폰 알람이 울리더니 모 방송사 PD의 메시지가 떴다. 내가 SNS에 올린 부다페스트 추모 게시글을 본 모양이다.

비극적인 사고였다. 다뉴브강에서 한국인 관광객을 태운 유람선이 크루즈와 충돌해 침몰한 것이다. 여느 사고보다 더욱 가슴 아팠던 건 그날도 찬란히 빛났을 부다페스트의 밤 때문이다. 가장 아름다운 순간에 생이 멈추었다. 운명이 택한 가장 잔인한 침묵이었다.

오랫동안 서유럽에 집중해온 나는 새로운 세계를 향한 갈망에 이끌려 마침내 시선을 동유럽으로 돌렸다. 새로운 여정이 시작된 헝가리 부다페스트. 같은 유럽이지만 동유럽은 서유럽과는 정치, 역사, 문화에서 판이하다. 동서 냉전이 세계의 많은 것을 갈라놓고 변화시켰다. 냉전 시기, 동유럽은 소련의 위성국가나 다름없었다. 유럽 특유의 생기와 발랄함을 잃고 오랫동안 침체하고 고통받았다. 그러다가 소련 붕괴 이후, 이들은 비로소 독립성을 회복하고 제 모습을 되찾아갈 수 있었을까.

나를 부다페스트로 이끈 것은 '동유럽의 파리'라는 찬사도, 세계 최고라 불리는 야경도, 영화 〈글루미 선데이〉 속 애잔한 선율도 아니었다. 그냥 아주 오래전부터 느껴온 뭔지 모를 짠함, 그리움이 내 안에서 자라난 것이다. 늘 비에 젖고 안개에 휩싸여 음울한 도시일 거라는 막연한 선입견으로 부다페스트를 내 안

다뉴브강과 국회의사당의 야경

에 각인시켜온 터였다.

해 질 무렵 공항에 내려 버스를 타고 30분을 달려 시내로 들어섰다. 아, 음울한 도시일 거라고? 오랜 선입견이 일순간에 산산이 부서졌다. 도시는 화려한 불빛으로 반짝였고, 활기로 들썩거렸다. 유럽 속 유일한 아시아 민족답게 이곳 사람들에게선 묘한 친숙함이 느껴졌고, 그 순박한 표정들이 마음을 편안하게 했다. 실제로 본 도시의 첫인상은 찬연했다.

'동유럽의 꽃' 또는 '다뉴브강의 진주'로 불리는 부다페스트는 도시 전체가 유네스코 세계문화유산이다. 독일의 슈바르츠발트 삼림지대에서 발원한 다뉴브강은 2,850㎞를 흘러 흑해로 들어가는데, 중부 유럽과 동유럽 8개국을 지나는 가운데 부다페스트 시내를 관통한다. 그래서 부다페스트는 다뉴브강으

부다페스트 전경(부다지구에서 바라본 국회의사당)

로 인해 빛난다.

거리에서는 귀에 익은 리스트의 〈헝가리 광시곡〉, 브람스의 〈헝가리 무곡〉이 악사들의 연주로 메아리처럼 퍼지고, 그 선율마저도 이 도시의 일부가 되는 듯하다.

부다페스트는 다뉴브강을 사이에 두고 고지대의 부다(Buda)와 평야 지대의 페스트(Pest)가 하나로 이어진다. 웅장한 왕궁이 자리한 부다와 화려한 국회의사당이 빛나는 페스트가 어울려 자아내는 야경이 장관이다. 두 지역을 연결하는 380m 길이의 세체니 다리는 부다페스트의 상징으로, 도시의 밤을 더욱 환상적으로 수놓는다. 파리와 프라하의 야경이 부다페스트의 그것과 더불어 유럽 3대 야경이라는데, 내가 보기엔 부다페스트가 단연 최고다.

부다페스트를 배경으로 한 영화 〈글루미 선데이〉 역시 여행자들의 발길을 끈다. 한 여자와 두 남자의 비극적인 사랑을 그린 이 영화는 아름다운 풍경과 애잔한 선율로 많은 이들의 마음을 울렸다. 특히 영화 주제곡은 '죽음의 송가'로 불리며 한때 부다페스트에 '자살의 도시'라는 오명을 안기기도 했다.

우울하고 애잔한 선율의 〈글루미 선데이〉 OST는 1935년에 헝가리의 천재 작곡가 레조 세레스가 실연의 아픔을 담아 작곡했다. 이후 수많은 자살 사건과 연관되며 음반 발매 후 8주 만에

187명이 생을 마감했다는 소문까지 퍼졌다. 하지만 모든 것이 우연의 일치일 뿐 과장된 소문이라는 게 지금까지의 정설이다. 어쩌면 부다페스트라는 도시 자체가 지닌 감성적 분위기가 이 곡에 더욱 깊은 색채를 더한 것은 아닐까.

15세기만 해도 헝가리는 동유럽의 강자였다. 오스만제국과 맞서 국력을 키웠고, 이탈리아 르네상스의 숨결을 들여와 문화적 황금기를 꽃피웠다. 화무십일홍이라, 번영은 오래가지 못했다. 16세기, 오스만제국과 전쟁으로 왕국은 무너지고, 이후 헝가리는 쇠락의 길로 접어들었다.

20세기까지도 외세의 지배에서 벗어나지 못한 헝가리는 오스트리아, 러시아 같은 강대국 사이에서 끊임없이 전쟁과 격변을 겪어야 했다. 특히 제2차 세계대전 중 부다페스트는 도시의 70% 이상이 파괴되는 참혹한 상처를 입었다. 다시 세워진 도시 곳곳에는 당시 흔적이 여전히 남았다. 부다페스트는 영욕이 교차한 역사의 잔영을 품은 채, 시간 속에서도 잊히지 않는 도시로 남았다.

유럽을 여행하다 보면 낯선 풍경을 마주하게 된다. 그중 하나는, 아픈 역사의 흔적을 지우지 않고 그대로 보존하는 점이다.

부다페스트 곳곳에 남은 상처들은 단순한 유물이 아니다. 그것은 이 도시가 과거를 잊지 않으려 하고, 그 속에서 교훈을 찾으려는 의지의 발로다.

성 이슈트반 기마상　　　　　다뉴브강의 신발들

"치욕도 역사이며, 아픔의 현장 또한 역사다."

헝가리인들은 고통스러운 과거를 숨기거나 덮어두지 않는다. 직시하고 기억하며, 그 흔적을 통해 반성하고 배우며 미래를 전망한다.

부다페스트 곳곳이 역사의 비극을 증언하는 상처의 공간이다. 왕궁 언덕 아래 자리한 '바위 속의 병원'은 제2차 세계대전의 격전 속에서 생명을 구한 공간으로, 이제는 그날의 기록을 전하는 박물관이 되었다. 강가에 놓인 '다뉴브 강변의 신발들(Shoes on the Danube Bank)'은 전쟁 중 희생된 유대인을 추모한다.

강대국의 그늘에서 벗어나 공산주의의 속박을 떨쳐낸 부다페스트는 오늘날 하루가 다르게 변화한다. 헝가리인들이 치열한 역사의식과 강인한 거센 도전의 물줄기를 헤치고 나아가게 하는 건 아닐까. 유럽에서 유일한 아시아 기원을 지닌 헝가리의 역사, 외세에 맞서 고난을 견뎌낸 지난날이 우리와 많이 닮았다.

어제 없는 오늘은 없고, 오늘 없는 내일도 없다. 지나온 하루하루가 지금의 나를 만들었듯, 시행착오를 겪더라도 오늘을 소중히 여기는 것이 더 나은 내일을 향한 첫걸음이 아닐까.

시간은 쉼 없이 흐르고 이 순간마저도 찰나에 과거가 된다. 지나간 시간을 잊고 묻어두는 대신, 위로하고 치유하며 나의 지난날로 품을 수 있기를…. 빛나는 세체니 다리를 거닐며 부다페스트의 마지막 밤을 천천히 보낸다. 그 밤은 나의 뜨거웠던 지난날을 흘려보내는 의식인 양 마음 깊은 곳에 잔잔히 스며들었다.

상실은 성장의 다른 이름

오늘도

눈이 흐린 나는

확실한 사랑을 얻기 위하여

이제 하나의 슬픔을 가져야겠다

- 오세영, 〈슬픔〉 중에서 -

파도를
맞서면 / 파도를
이기지 못한다

✈ 포르투갈 나자레

유럽의 소도시가 좋다. 조용하고, 정겹고, 편안하다. 같은 나라 안에서도 도시마다 다른 나라를 여행하는 기분을 안겨준다. 곳곳에 숨은 소도시들은 저마다의 독특한 역사와 정취를 고스란히 간직하고 있다.

그래서인지 언젠가부터 내 여행 방식도 달라졌다. 맛보기 식으로 이 나라 저 나라를 스치듯 다니기보다는, 일정 기간 한 나라에 머물며 그곳의 소도시들을 깊이 있게 들여다본다. 그렇게 새로운 매력을 하나둘 발견해갈 때면, 나만의 비밀 아지트가 하나씩 새로 생기는 기분이다.

나자레가 그랬다. 유럽대륙의 서쪽 끝, 포르투갈을 여행하던 때였다. 길쭉하게 생긴 포르투갈 여행의 시작은 북부 포르투였고, 소도시들을 하나하나 지나며 남쪽으로 내려오는 여정에서 나자레를 만났다. 푸른 대서양을 향해 길게 펼쳐진 백사장, 자연 그대로의 매력이 넘치는 어촌 마을, 나자레. 소박하고 고요한 마을이지만, 깊은 바다는 강렬한 에너지로 요동했다.

바다 아래 5,000미터 깊이의 해저 협곡이 자리한 이곳에서는 세계에서 가장 거칠고 웅대한 파도가 솟아오른다. 그래서 나자레는 '서퍼들의 성지'로 불린다. 세계에서 가장 높은 파도를 탄 서핑 기록들이 바로 이곳에서 나왔다. 마을의 고요함과 대비되는 바다의 압도적인 위력. 나자레는 단순한 지명이 아니라, 파도와 바람이 빚어낸 하나의 장엄한 서사였다.

마을에 도착하자마자 망망대해와 고즈넉한 해변, 옹기종기 모

대서양의 작은 어촌 마을, 나자레

인 형형색색의 집들이 나를 맞는다. 처음으로 예정된 일정을 취소하면서까지 나자레에서 이틀을 더 머물렀다. 시간이 지나면 또 떠나야 하지만 자유로운 멈춤 속에 퍼지는 긴장의 분산은 여행자만이 느끼는 카타르시스였다.

몰려오는 졸음에 낮잠을 실컷 자고 일어났다. 부스스한 얼굴을 비비고는 해변을 바라보는 호텔 테라스에 앉아 맥주 한 캔을 땄다. 안주는 짭조름한 바다 내음이었고, 귓가에 흐르는 음악은 거친 파도의 물결이었다. 당장 바다로 뛰어들고 싶었지만, 쌀쌀한 날씨 핑계를 대고 참았다.

다음 날 이른 아침, 나자레의 숱한 이야기가 모인 절벽 위 마을을 찾아 숙소를 나섰다. 이 마을 가까이에는 성모 발현의 기적으로 성지가 된 메모리아 소성당과 검은 성모상을 봉안한 노사세뇨라 성당이 있다. 또 포르투갈 대항해 시대를 연 바스쿠 다가마의 기념비가 바다를 향해 우뚝하다. 그는 인도로 떠나기 전, 무사 항해를 기원하기 위해 이곳을 찾았다. 항해가 끝난 후에도 다시 찾아 감사 기도를 올렸다니, 나의 기도도 하늘에 닿길 바랐다.

나자레 마을이 한눈에 들어오는 수베르코 전망대로 발길이 닿는다. 절벽 아래 나자레 마을 전경은 빼곡히 들어선 오렌지빛 지붕들과 황금빛 해변 그리고 새파란 바다가 그대로 한 폭의 그

서핑의 성지, 나자레 마을

림이다.

서핑의 메카인 나자레의 거대한 파도를 만나려면 북쪽 끝을 향해 절벽의 언덕을 내려가야 한다. 나자레는 이 파도 덕분에 세계적인 명성을 얻었다. 저 멀리 새빨간 등대가 보이는데, 세계적인 서핑대회를 가장 가까이에서 볼 수 있는 최고의 명당이다. 나자레를 품은 바다는 지금껏 봐온 여느 바다보다 광활하고 짙푸르다. 세상의 푸른 물감을 모두 모아다가 이 바다에 다 풀어놓은 것 같다.

나자레의 거대한 파도는 보통 11월에서 3월 사이가 절정이다. 그래서 세계 서핑대회도 이 시기에 열리는데, 정확한 날짜는 사람이 특정할 수 없다. 바다가 허락해야 하기 때문이다. 대서양 해류의 움직임을 통해 여러 상황을 예측한 후에 서퍼들에게 대회 날짜를 알린다. 서퍼들에게는 파도가 거셀수록 더 좋다. 그들은 언제든지 더 높은 파도에 올라탈 준비가 되어있다.

'저 파도의 끝은 어디일까? 끝이 있기는 한 걸까?'

속으로 혼자 물어보지만, 꼭 답을 알자는 건 아니다. 자는 듯 잔잔하다가도 크고 작은 파도를 끊임없이 토해내는 저 바다는 우리네 인생 같기도 하다. 아무리 고요한 바다라도 종종 집채만 한 파도가 삶을 송두리째 흔들어놓는다. 우리 일상에서는 그런 파도가 오지 않기를 바라지만, 바다의 서퍼들은 산더미 같은 파도가 휘몰아치기를 기다리는 맛에 산다. 파도를 타고 넘는 희열을 해본 사람이 아니면 모를 것이다. 거센 파도의 리듬에 몸을 맡겨 하나로 어우러져야 그 파도를 넘을 수 있다. 그러지 않고 파도를 기어이 이겨보겠다고 맞서면 몸이 먼저 부서지고 만다.

일상의 파도 역시 인생의 일부로 받아들여 그 리듬에 몸과 마음을 맡기면 언제고 무사히 타고 넘을 수 있지 않을까.

인생을 살아가다 보면, 예상치 못한 순간에 거센 파도가 나를 삼킬 듯 몰아칠 때가 있다. 그런 파도에 맞서 싸우기보다는, 오히려 그 흐름을 따라가는 것이 삶을 지키는 길일지 모른다. 그것은 굴복이나 포기가 아니라 지혜다. 때론 기다리고 지켜보는 것도 강력한 무기가 된다. 통제할 수 없는 일에 자신을 소모할 필요는 없다. 거센 파도 앞에서는 무엇보다도, 자신을 지키는 것이 가장 중요하다.

나도 그랬어야 했다. 맞서지 말았어야 했다. 아무리 유연한 조직도 맞서는 이에게는 냉정하다. 나의 전부인 줄 알았던 회사는 그저 회사일 뿐이었다.

나자레 마을의 등대

내가
아니면
/ 안 된다는
착각

✈ 이탈리아 알베로벨로

버스가 오지 않는다. 도착 시각이 15분이나 지났는데 감감무
소식이다. 가을 초입이라 바리(Bari)의 아침은 쌀쌀하다. 스카프
하나에 의지한 채 혼자 추위와 30분 넘게 싸우고 있다. 저 멀리
기다리던 버스가 천천히 다가온다. 여행자들은 다들 안도의 한숨
을 내쉰다. 나는 버스에 올라타며 한 번 더 기사에게 확인한다.

"알베로벨로?!"

이탈리아 남동부 풀리아 지방의 조그마한 항구 도시 알베로벨
로는 어여쁜 인형 마을 같다. 독특한 원뿔 모양의 전통가옥이
옹기종기 모여 스머프 마을로도 불린다. 이탈리아 여행이 특별
한 이유는 알베로벨로처럼 상상 속에만 존재할 것 같은 마을들

을 현실에서 직접 만날 수 있다는 것이다.

버스에서 내려 좀 걷다보니 알베로벨로 마을 전체가 내려다보이는 언덕 위 전망대다. 따사로운 햇살, 기분 좋은 바람이 감도는 마을은 환상적인 동화 속 세상을 마주한 듯 눈부시다. 미지

동화 속 신비로운 마을, 알베로벨로

의 세계다.

알베로벨로는 '아름다운 나무' 라는 뜻이지만, 마을은 온통 돌로 쌓은 집들로 가득하다. 만화 〈개구쟁이 스머프〉에 나오는 버섯 마을의 모티브가 되었다는 이 신기한 돌집은 '트룰로' 다. 생김새가 지붕에 고깔을 엎어놓은 듯도 하고, 팽이를 거꾸로 세워놓은 듯도 하다.

알베로벨로가 세계적으로 이름을 알린 것도 선사시대부터 이

어진 석회암 주거지 트룰리(복수는 트룰로) 때문이다. 알베로벨로에서만 볼 수 있는 독특한 가옥 형태인 트룰로 1,500여 채가 옹기종기 모여 마을을 이룬 모습은 장관이다. 본래의 주거공간을 변형하지 않고, 원형 그대로를 유지한 채 여전히 주민들이 산다는 것이 놀랍다. 이러한 가치를 인정받아 1996년에는 마을 전체가 유네스코 세계문화유산으로 지정되었다.

독특하면서도 신비한 트룰리 마을

마을 안길을 천천히 거닌다. 고깔 모양 지붕의 나지막한 집들이 다정하게 어깨동무를 하고 줄지어 서 있다. 금방이라도 귀여운 스머프들이 '랄랄라~ 랄랄라~' 노래를 부르며 집집이 문을 열고 줄지어 나올 것만 같다. 골목을 지날 때마다 그림 동화책 책장이 한 장씩 넘어가듯 새로운 풍경이 펼쳐진다. 카메라 셔터를 쉴 새 없이 누르던 손끝은 어느새 꽃무늬 원피스 자락을 살며시 쥐고 있다. 나는 봄 처녀처럼 사뿐사뿐 걷는다. 이런 게 여행이지. 전혀 다른 세상에서 잊고 지냈던 소녀 감성의 숨은 내 모습을 만났다. 매일 인상을 찌푸린 일상에서의 직장 상사 모습은 오간 데 없이 그저 해맑은 여행자일 뿐이었다.

트룰로의 외관만큼이나 그 속은 또 얼마나 독특할지 궁금해졌다. 마침 집 안을 기꺼이 보여준 친절한 주민 덕분에 고즈넉한 내부로 발을 들일 수 있었다. 실내공간은 원룸 스타일로 그 짜임새도 검박하다. 밖은 햇볕이 자못 따가운데 안은 놀라울 만큼 서늘하고 쾌적했다. 집 전체의 외벽 두께가 평균 1m가 넘어 별도의 냉난방 시설 없이도 겨울에는 따뜻하고 여름에는 시원한 자연의 온기가 깃들어 있었다.

전통 트룰로는 콜타르 같은 고착제 없이 오직 돌만을 쌓아 올려 지어진다. 그 위에 납작한 석회암을 층층이 쌓아 만든 원뿔형 지붕이 가장 큰 특징이다. 접착제를 쓰지 않기 때문에 철거도 쉬운 형태다.

트룰리는 4세기부터 농기구를 보관하는 창고로 만들어졌다. 그러다 15세기경 나폴리 왕 통치 시절에 지붕 개수에 비례해 높은 세금을 부과하자 트룰리 기법을 주거지에 적용하기 시작했다. 세금을 피하려고 건물을 쉽게 부수고 쉽게 지을 수 있게 만든 것이다. 세금 조사가 나오면 돌로만 쌓아 올린 지붕이어서 중심 돌 하나만 뽑아도 와르르 무너졌다. 돌무더기로 위장한 것이다.

천장을 올려다본다. 저 중심 돌 하나를 빼면 전체가 와르르 무너지고 마는구나. 저게 키스톤 역할을 하는구나.

문득 이번 여행을 떠나올 때 인천공항에서의 마지막 통화가 생각났다. 게이트를 들어가려는 순간 회사 직원에게서 급한 전화가 왔다. 고객사에 안 좋은 이슈가 터졌다는 것이다. 놀란 마음을 부여잡고 자세한 내용을 들어보니 별일도 아닌 일이었다. 안도감과 함께, 순간 짜증이 밀려왔다.

"이런 건 김 대리가 알아서 좀 해!"

전화한 직원에게 날카롭게 쏘아붙이고는 비행기를 탔다. 계속 마음이 언짢았다. 그런 거 하나 해결하지 못해 겨우 휴가를 내어 떠나는 사람에게 굳이 연락해야 했을까…. 원망이 일었다. 한편으론 어찌할지 몰라 발을 동동 구르다 힘들게 전화를 할 수밖에 없었던 직원의 애타는 마음이 애처로웠다. 어찌 보면 내가 다 자초한 상황이다. 매번 모든 일을 내가 틀어쥐고 있었으니 직원은 잔소리를 듣더라도 확인이 필요했을 것이다.

나는 항상 팀의 핵심인 키스톤과 같은 키맨이고 싶었다. '내가 아니면 안 된다'는 생각이 투철했고, 내가 아니면 안 되게 만들어놓은 조직의 리더였다. 리더는 그래야 하는 줄 알았다.

시간은 흘러 시대가 변했고 관리자로서 더 높은 위치에 올라

갔음에도 나의 업무 형태는 그대로 바뀌지 않은 채 모든 실무를 꼭 틀어쥐고 있었다. 나도 힘들고 직원들도 성장하지 못하는 가장 좋지 못한 방법이었다. 어느 순간 업무 성과는 떨어지기 시작했고, 회사 대표로부터 비난의 대상이 되었다.

조직에서 진정한 키스톤의 역할은 조직의 구조를 연결하고, 그 힘을 지탱하며, 균형과 조화를 이루는 것이다. 그것이 꼭 리더일 필요가 없다. 반드시 나일 필요도 없었다. 다만, 유능한 리더는 부재 속에서도 조직이 원활하게 돌아갈 수 있도록 시스템을 구축하는 사람이어야 한다. 조직은 개인의 역량에 의존하는 것이 아니라, 서로 얽히고 맞물린 시스템을 통해 온전하게 작동하기 때문이다. 마치 건축물이 하나의 키스톤만으로 완성되지 않고, 여러 주춧돌이 어우러져야만 그 구조가 견고해지는 것처럼.

마을을 떠나며 처음 만난 전망대를 다시 찾았다. 신비롭고 아름답기만 했던 알베로벨로가 달리 보였다. 거주민들의 오랜 애환이 깊이 느껴졌다. 아무리 쉽게 짓는다고 해도, 가족과 함께 살아야 하는 주거지였기에 하나하나 얼마나 정성 들여 돌을 쌓아 올렸을까. 한순간에 무너뜨려야 하는 그 심정은 또 어땠을까. 나의 일상과 이들의 일상이 오버랩되며 잠시 생각에 잠겼다.

신의가
밥 먹여준
역사의
상처

✈ 스위스 루체른

비가 내리기 시작한다.

한두 방울씩 간간이 떨어지는 정도의 비는 맞아도 될 듯싶다. 아니 그래야만 할 것 같다. 점차 빗방울이 굵어지자 모여 있던 사람들은 하나둘씩 사라져갔다. 타닥타닥, 나뭇잎을 내리치며 떨어지는 빗소리는 나지막한 내 숨소리와 호흡을 맞춘다. 어느새 홀로 남은 나는 연못가로 더 가까이 다가갔다. 시선은 여전히 그곳을 향한 채….

스위스의 심장, 루체른으로 왔다. 험준한 알프스와 거대한 빙하 호수가 에워싼 이곳은 스위스 속의 '작은 스위스'로 불릴 만큼 경관이 아름답다. 그뿐 아니라 중세의 정취와 문화를 고스란히 간직한, 유구한 역사의 도시이기도 하다.

알프스의 절경을 쫓아 이곳까지 왔지만, 루체른 기차역에 도착하자마자 풍경 감상은 잠시 미뤄두고 서둘러 찾아간 데가 있다. 구시가지 구석에 자리한 공원이다. 도착할 즈음 맑고 청명하던 하늘에 구름이 끼면서 사위가 어둑해진다. 저기 나무 사이로 바위 절벽이 보인다. 아, 저기구나. 조각상이 서서히 눈에 든다.

'빈사의 사자상'이다. 작은 연못 뒤로 거대한 암벽이 병풍처

스위스 용병의 운명, 빈사의 사자상

럼 펼쳐있고 그 한가운데 커다란 수사자 한 마리가 누워 있다. 고통스러운 사자의 표정이 너무도 사실적이어서 방금 누군가 던진 창에 맞아 내 눈앞에서 죽어가고 있는 것 같다. 미국의 작가 마크 트웨인이 말한 '세계에서 가장 슬프고도 감동적인 바위'다. 힘겹게 숨을 헐떡이는 듯한 사자의 머리맡에는 스위스 십자

가가 새겨진 방패가, 앞발에는 절대 놓지 않으려는 듯 프랑스 부르봉 왕가의 백합 문양 방패를 품고 있다. 사자상 위에 새겨진 '스위스의 충성심과 용맹함'이라는 의미의 라틴어 글귀가 비장하다. 스위스 사람들에게 이 사자상은 단순한 조각 작품이 아니라 그 이상의 의미와 슬픈 사연이 담긴 역사적 상징이다.

한 폭의 수채화, 루체른

어둑해진 오후의 루체른

쓸쓸한 최후를 맞는 사자는 1792년 프랑스 혁명 당시 끝까지 루이 16세를 지켜낸 786명 스위스 용병들의 충절을 의미한다. 국왕을 보위하던 프랑스 근위대마저 모두 도망친 상황에서 스위스 용병들은 단 한 명도 이탈하지 않고 혁명군에게 끝까지 대항하다 모두 장렬히 전사했다. 이들은 왜 부패하고 무능한 남의 나라 왕을 위해 목숨 바쳐 싸웠을까. 신의 때문이다. 신의에 살고 신의에 죽는 게 용병이다. 그런데 이들이 신의를 배반하여 항복하거나 도망친다면 후손들은 용병으로 일할 수 없게 된다. 용병은 스위스의 국운을 지탱하는 중요 직업

이자 안보의 첨병이었다.

오늘날 스위스는 1인당 국민소득이 10만 달러에 가까운 부자 나라지만 당시에는 유럽에서 가장 가난한 나라였다. 국토 대부분이 알프스 산악 지대에 둘러싸여 있을 뿐 아니라 만년설로 농사를 지을 수 없어 먹고사는 문제가 가장 큰 고통이었다. 그러니 남의 나라 전쟁에 용병으로 팔려가야 생계를 꾸릴 수 있었다. 피의 대가로 밥을 샀다.

마키아벨리는 《군주론》에서 "타국의 용병을 쓰는 것이 최악" 이라고 비판하면서도 스위스 용병만큼은 높이 평가했다. 500년이 지난 오늘날까지도 바티칸 교황청이 스위스 용병만 고집하는 배경이기도 하다. 국가와 군주를 위해 신의를 목숨보다 중시했던 그들의 투철한 사명감이 후대에 '신뢰'라는 자산으로 축적되어 금융업과 시계제조업 등의 산업 발달로 이어졌다. 지금의 스위스를 부유한 나라로 만든 건 바로 피 흘린 용병들의 신의에서 비롯된 것이다.

비는 그칠 줄 모른다. 비에 젖은 채 한참을 서서 사자상 아래 깊게 새겨진 용병들의 이름을 천천히 바라봤다. 그들의 신의를 떠올리며 나의 신의는 무엇인지 자문했다.

공자는 제자들에게 "가신(家臣)이 되지 말고 대신(大臣)이 되라"

고 일렀다. 한낱 권력자 개인에 충성하지 말고 국가의 대의에 충성하라는 말이다. 가신은 간신의 길이고, 대신은 충신의 길이다.

어느 조직에든 가신과 대신은 갈린다. 권력자가 어리석은 결정을 내려도 입안의 혀처럼 구는 사람이 있는가 하면, 대의를 위해 직언을 서슴지 않는 이도 있다. 뚜렷한 능력과 성과도 없이 승승장구하는 이들의 공통점은 대부분 '가신'이라는 점이다.

나는 그런 가신이 되기를 원치 않았다. 오랫동안 몸담은 조직의 발전을 위해서는 대신이 되어야 한다고 믿었다. 그것이 함께하는 직원들을 위하고, 대의를 위하는 길이라 생각했다. 그러나 결국 나는 대신도 되지 못하고 충신도 되지 못했다. 가신과 대신, 간신과 충신은 내가 정한다고 되는 것이 아니었다. 리더, 즉 권력자의 인격과 덕망의 여하에 따라 결정되기 때문이다.

당 태종 이세민은 중국 역사상 최고의 성군으로 꼽힌다. 그가 혼란을 잠재우고 정관지치(貞觀之治)를 이룬 데는 대신의 존재를 빼놓을 수 없다. 태종은 한때 자기를 죽이려던 정적이던 위징을 처형하는 대신 오히려 중용한다. 그 위징이 말한다.

"신하가 직언하면 자신의 신변이 위태롭지만, 직언하지 않으면 나라가 위태롭다."

죽음 앞에서도 당당하게 직간하는 데 감명을 받은 태종은 위징을 "나의 부족한 점을 채워주는 거울"이라며 아꼈다.

관리자로서 나를 돌아보면, 사탕발림에 흔들린 순간들이 적지 않았다. 어쩌면 간사한 사람의 전형이었는지도 모른다. 하지만 시간이 흐를수록, 진짜 리더는 원칙과 소신을 지키고 '사람이 곧 자산'이라는 믿음을 새겨야 함을 깨닫는다. 모두에게 공정하되, 쉽게 마음을 내어주지 않는 균형도 필요하다. 사람을 제대로 분별하지 못하면 조직은 조용히 기울기 시작한다. 결국 조직을 지키는 건 냉철한 이성과 분별력이다.

좀처럼 그치지 않는 가을비는 떠나야 할 시간을 알렸다. 빈사의 사자상을 뒤로하고 돌아나오는 발걸음이 무겁다. 목숨 걸고 지켜낸 스위스 용병의 신의와 현재를 살아가는 우리가 지켜야 할 신의…. 시대가 바뀌었다고 본질이 달라지진 않는다. 충신이 되지 못한 나는 이제 누구를 위한 신의를 지켜야 할 것인지 잠시 고민에 잠긴다.

어느새 저물녘이다. 구시가지의 중심에 다다르자 비는 그치고 하늘은 붉게 물들었다. 루체른의 상징인 카펠교는 유럽에서 가장 오래된 목조다리답게 우아하고 품위 있게 인사를 건넨다. 매직아워 시간에 들자 알프스를 배경으로 화려한 카펠교 조명과 도심을 물들인 하늘빛의 조화가 장관이다. 루체른의 밤이 그렇게 깊어간다.

넘어져도
괜찮아,
다시 일어나면
되니까

✈ 이탈리아 볼로냐

볼로냐. 이탈리아 북부의 교통 요지로, 우리나라로 치면 대전 같은 도시다. 남부로 향하는 길목에서 잠시 머물다 간다는 가벼운 기분으로 왔다. '가장 높은 탑'에 올라 도시를 바라보고, 발길 닿는 대로 거리를 거닐다 기차 시간에 맞춰 떠날 예정이었다. 별 기대 없이 그렇게 볼로냐와 만났다.

와서 보니 볼로냐는 유난히 별명이 많은 도시다. 그만큼 다채로운 매력을 품고 있다는 뜻이다. 볼로네제 파스타의 본고장으로, '뚱보의 도시'라 불리는 미식의 중심지이다. 붉은 지붕과 벽돌 건물이 가득하대서 '붉은 도시'로도 불리고, 38km 넘는 아케이드가 이어져 비 한 방울 맞지 않고도 걸어다닐 수 있대서

'회랑의 도시'로도 불린다. 유럽 최초의 대학, 천년 역사의 볼로냐 대학이 자리하고 단테와 코페르니쿠스 같은 석학들이 거쳐 갔대서 '대학의 도시' 또는 '현자들의 도시'로도 불린다. '유니버시티(University)'의 기원도 이곳이다. 중간 경유지로만 여긴 볼로냐의 반전이다.

그중에서도 볼로냐를 가장 상징적으로 보여주는 별칭은 '탑의 도시'다. 12세기 볼로냐에는 중세의 맨해튼을 방불할 만큼 100개가 넘는 사각 탑들이 고층빌딩처럼 도심을 가득 메웠다. 당시 모습을 찾아보면 마천루가 빼곡한 현대 도시처럼 보인다. 이 탑들은 방위 목적도 있었지만 주로 귀족들이 부와 권력을 과시하며 경쟁적으로 세운 것이다. 하늘에 도달하고자 하는 인간의 욕망과 도전을 상징하는 바벨탑을 연상케 한다.

지금은 오랜 세월을 이겨낸 20여 탑들만 남았는데, 그중 '쌍둥이 탑'이 도심 한가운데 나란히 우뚝 솟아있다. 단테의 《신곡》에도 등장하는 아시넬리탑과 가리센다탑이다.

높이 97m의 아시넬리 탑은

기울어진 **벽돌탑**, 가리센다탑

귀족 아시넬리를 위해 지어졌다. 볼로냐에 현존하는 탑 중에서 가장 높고 유명하다. 꼭대기 전망대까지 오르려면 486개의 나무 계단을 올라야 한다. 볼로냐에 도착하자마자 이 탑부터 찾아 올라보기로 했다.

붉은 도시, 볼로냐

회랑의 도시, 볼로냐

100m 상공에서 내려다본 볼로냐

시작부터 심호흡이 필요하다. 도시 전망을 보기 위해 이렇게 높은 탑들을 오를 때면 극한의 고통이 따른다. 매일 수만 보를 걷는 체력이라 해도, 좁고 가파른 계단을 오르는 일은 전혀 다른 차원의 도전이다.

좁고 어두운 탑 안, 후들거리는 무릎을 부여잡고 오르고 올라

꼭대기에 다다랐다. 밖으로 나가는 순간, 거센 바람이 휘감았다. 100m 상공에서 내려다본 볼로냐는 붉게 타올랐다. 왜 '붉은 도시'로 불리는지 알겠다. 먹구름 어둑한 하늘 아래서 붉은빛 지붕 물결이 더욱 강렬하게 너울거린다. 고흐의 풍경화를 보는 듯한 장관이다.

아시넬리 탑에서 내려와 곁에 나란히 선 가리센다 탑을 올려다본다. 48m 높이의 이 탑은 아시넬리 탑에 기대듯 기울어져 있다. 처음엔 착시인가 싶었지만, 실제로 중심축에서 4도 정도 각도 차이가 나는데, 연약한 지반 탓에 무게를 이기지 못해 기울었다고 한다. 이 '쌍둥이 탑'을 배경으로 사진을 찍으려니 여간 힘든 게 아니다. 나를 찍어주던 이탈리아 남자는 거의 땅에 몸을 기댈 듯한 열정을 보여준다. 이렇게 짧았지만 강렬한 볼로냐의 여운은 꽤 오랫동안 남았다.

얼마 전에 '쌍둥이 탑'이 뉴스에 등장했다. '이탈리아 볼로냐의 기울어진 48m 중세 탑, 붕괴 위험에 폐쇄' 기사가 공중파와 온라인 뉴스를 뒤덮었다. 나는 놀라 걸음을 멈췄다. 오래된 친구가 위독하다는 소식을 들은 듯 맘이 짠해졌다.

한때 귀족들의 위엄을 상징하던 가리센다 탑이 오랜 영광을 뒤로한 채 서서히 기울고 있다니…. 문득, 지금의 내 모습과 닮아 있다는 생각이 스쳤다. 한 회사에서 꼬박 20년을 일했다. 적잖은 파란이 있었지만 빠른 승진과 좋은 성과 속에 누구에게나 인정받으며 열심히 달려왔다. 그렇게 시간이 흐르고 흘러 나 역시 서서히 기울고 있다.

나를 지탱해주던 조직에 대한 신념과 소신이 오히려 내 발목을 잡았다. 어느 때부터 내가 바라보는 방향과 비전이 회사 주인의 생각과 어긋나기 시작했다. 내 회사인 듯 지나치게 몰입한 탓에 매번 부딪히고 충돌했다. 결국에 나는 사장의 입맛에 맞는 사람에게 자리를 내줘야 했다. 처음 겪는 수모였다.

'아, 이제 그만할 때가 됐나….'

배신감에 사로잡혀 힘든 시간을 보냈다. 직원들 앞에서는 약한 모습을 보이고 싶지 않았다. 여전히 당당한 듯 보이려고 부단히도 애썼다. 나를 믿고 따라준 후배들에게까지 패배감을 안겨주고 싶지 않았기 때문이다. 어쩌면 조직에 순응했어야 했는지 모른다. 하지만 후회는 없다. 내가 걸어온 길이 결코 헛된 것이 아니었음을 믿기 때문이다.

석 달이 넘도록 복잡한 머리를 이고 다녔다. 그러던 어느 날, 문득 '이 상황이 또 다른 기회가 될 수 있겠구나. 어쩌면 하늘이 내려준 절호의 기회일 수도 있겠다'는 생각이 들었다. 그 순간,

오랜 시간 묵혀온 흐릿한 감정과 생각이 비로소 선명해졌다. 나는 깨달았다. 회사에서 더 높이 올라간다 한들, 책임만 커질 뿐 결국 나는 또다시 우물 안에 갇혀 회사 일에 매몰될 게 분명했다. 서서히 끓는 냄비 속에 든 개구리 신세가 되는 것이다.

뒤늦은 깨달음이지만 다행이라 여겼다. 이제는 전혀 다른 모양의 내 삶을 살고 싶어졌다. 천년만년 이곳에 머물 수 없다면, 제2의 인생을 살기 위한 철저한 준비를 시작해보기로 했다.

그동안 회사 일 핑계로 시작하지 못했던 인생 목표들을 하나둘 적어 내려갔다. 마치 20년 넘게 밀실에 갇혀 있던 내 안의 내가 깨어나, 스스로 판도라의 상자를 열어버린 것 같았다. 무한정 미뤄둔 자격증 공부, 일생에 한 번은 꼭 쓰고 싶었던 책…. 나의 선택을 기다리는 여러 가지 가능성이 내 앞에 나타났다. 미래를 향한 시계추가 서서히 움직이기 시작했음을 감지했다.

이런 것이 운명의 흐름인가…. 그 뒤로 회사에 바쳤던 내 시간의 총량을 일반 직장인 수준으로 맞췄다. 회사 일과 병행하며 남는 시간은 나를 위한 일을 찾아 하나씩 시작했다. 그 무엇을 위한 것도 아닌 오로지 나를 위한 일! 나는 타성에 갇히지 않기로 했다. 그래서일까. 아무리 빡빡한 일정과 고된 작업이더라도 힘이 들기보다는 오히려 살아있음을 느끼며 생동하는 하루를 살게 되었다.

나는 지금도 여전히 기울고 있다. 더 기울어져도 괜찮다. 방향이 정해지는 순간, 차라리 완전히 넘어져버릴 생각이다. 어차피 넘어질 운명이라면, 머뭇거리기보다 과감히 무너지는 편이 낫다. 그때까지 나를 아끼지 않고 모든 걸 쏟아붓고 싶다. 넘어지고 나면, 다시 일어설 힘이 생길 테니까. 그리고 내 인생의 새로운 탑을 쌓아올릴 것이다. 지금은 그 전환점을 기다리는 시간이다. 볼로냐의 기울어지는 탑이 보강 작업을 시작한 것처럼, 나도 인생의 최종 목표가 눈앞에 오기 전까지, 지금의 나를 더 단단하게 만들며 버텨보려 한다.

모든 것엔 다 이유가 있다. 시련도 받아들이기 나름이다. 시련은 주저앉히기도 하지만 더 좋은 기회가 되기도 한다. 이 믿음이 내 안에서 자리를 잡았다. 맹자의 가르침이 새삼스럽다.

"하늘이 그 사람에게 큰일을 맡기려 할 때, 반드시 그 마음을 괴롭게 하고, 근육과 뼈를 깎는 고통을 주며, 몸을 굶주리게 하고, 궁핍하게 만든다. 이는 그의 의지를 단련하고 참을성을 길러, 마침내 이루지 못했던 것을 이루게 하기 위함이다."

앞으로 나의 기울어짐을 버텨야 하는 시간이 얼마나 될지 모르지만, 분명한 건 내게 시련은 새로운 도약의 다른 이름이 될 것이라는 사실이다. 나는 지금 간절하다. 간절함을 이기는 것은 없다.

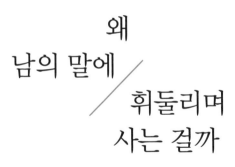

왜 남의 말에 / 휘둘리며 사는 걸까

✈ 프랑스 마르세유

"회사 밖은 지옥이야!"

첫 회사를 그만둘 때였다. 만나는 사람마다 걱정스러운 눈빛으로 건넨 말이다. 오랜 고민 끝에 내린 결정이지만, 계속되는 만류에 흔들렸다.

'내친김에 그만둘까? 아니, 그냥 계속 다닐까?'

끝없는 고민이 이어졌다. 20대 후반, 뒤늦게나마 어학연수를 떠나 더 넓은 세상을 보고 싶었다. 설령 지옥을 경험하더라도, 그 너머엔 분명 새로운 세계가 있을 거라고 믿었다. 그 불안 속에서 나를 붙잡아준 건 가족이었다.

"3년 뒤 네 모습을 떠올려봐. 그때도 지금과 같다면, 과감하게 떠나!"

남들 말에 흔들렸던 나 자신이 우스웠다. 더 망설이지 않고 회사를 떠났다. 그것이 내 인생의 첫 퇴사이자 마지막 퇴사였다.

세월이 흘러 40대 중반을 넘어서면서, 누군가는 고집스럽다 할지 몰라도 나름의 소신과 신념이 더욱 뚜렷해졌다. 중요한 결정을 내릴 때도 남의 의견에 휘둘리기보다 내 기준 안에서 스스로 판단하는 편이다. 그렇기에 후회도 없다.

하지만 여행만큼은 절대적으로 예외다. 한 번도 가보지 못한 도시를 선택할 때는 경험자의 이야기를 최대한 참고한다. 여행은 개인의 취향에 따라 평가가 극명하게 갈리기에, 단순한 호불호의 차이는 결정에 크게 영향을 주지는 않는다. 다만 안전, 치안, 사회적 이슈 그리고 국제 정세는 반드시 고려해야 할 중요한 요소다. 여행은 가능하지만 사건·사고가 잦은 곳이라면 더욱 신중해진다. 혼자 떠나는 여행자에게 가장 중요한 것은 무엇보다 안전이니까.

남프랑스 여행을 작정하고 떠나기 직전까지 고민을 거듭한 도시가 마르세유다. 치안 불안으로 악명 높던 곳이라 끝까지 망설였다. 마르세유는 지중해 연안에 위치해 '프로방스의 심장'으로 불리는 프랑스 제2의 도시다. 2600년에 걸친 오랜 역사와 화려한 문화유산을 간직한 곳으로, 유럽의 문화 수도로 지정되기도 했다. 내가 좋아하는 요소를 고루 갖춘 곳이지만, 여행을 준비할 당시 프랑스 전역이 연금 개혁과 인종차별 반대 시위로 들끓고 있었다. 그중에서도 마르세유는 특히 폭력 시위가 극심했고, 마약 밀매 조직 간의 총격전이 연일 뉴스에 오르내렸다.

폭력 시위와 마약 범죄만이라면 해당 지역만 피하면 그만이지만, 문제는 마르세유시 전체가 치안 불안 상태에 놓였다는 것이다. 여행자들 간에 '밤에는 절대 돌아다니지 마라', '소매치기를 조심하라' 등의 경고가 넘쳐났다. 그런데도 나는 그런 위험을 감수하기로 작정하고 반나절 일정이나마 마르세유행을 감행했다.

프랑스 최대 항구 도시 마르세유의 구항구

드디어 마르세유 생샤를역에 도착했다. 역 주변은 우범지대로 알려졌다. 기차에서 내리는 순간, 온몸의 세포가 갈기를 세우고 바짝 긴장했다. 배낭과 캐리어를 보관소에 맡기고는 최대한 가벼운 행장으로 길을 나섰다. 목적지는 마르세유의 중심인 구항구. 택시를 탈까 메트로를 탈까 고민했지만, 대낮인 데다가 그다지 멀진 않을 것 같아 그냥 걸어가 보기로 했다.

'큰길을 따라가면 별일 없겠지' 싶었다.

구글맵이 안내한 최단 경로를 따라가다 보니 좁은 골목으로 접어들고 말았다.

벽에는 낙서가 가득했고, 거리는 지저분하고 어딘가 숨 막히는 분위기가 감돌았다. 지나치는 사람들의 시선이 날카롭게 느껴졌다. 마르세유는 오래전부터 다양한 이민자들이 정착한 항구 도시다. 그 이민자들에 대한 나쁜 소문을 떠올리는 것만으로 벌써 온몸에 소름이 돋았다. 누군가 뒤를 와락 덮칠 것 같은 불안감에 사로잡혔다. 거의 뛰다시피 내처 걸었다. 골목길이 좀처럼 끝날 것 같지 않았다. '잘못 왔구나. 혼자 이곳을 오는 게 아니었어.' 후회가 밀려들었지만, 멈출 수도 없었다. 그러다 문득, 주위를 둘러보았다. 이상했다. 아무도 내게 관심을 두지 않았다. 그저 각자의 일상을 보낼 뿐이었다.

나는 스스로 만들어낸 공포에 갇혀서 헉헉거린 것이다. 걸음을 늦추고 다시 주위를 살폈다. 커다란 눈을 반짝이며 뛰노는 아이들, 아침 가게 문을 열며 분주히 움직이는 상인들. 이곳 역시 사람이 살아가는 공간이었다. 사건과 범죄가 있다 해도, 세계 어디서든 일어날 수 있는 일이다. 평정심을 찾자 여행자로서 호기심과 탐구심도 다시 살아났다. 긴장으로 굳어 있던 근육이 풀리는 순간, 나는 어느새 구항구에 와 있었다.

마르세유가 이제야 제대로 내 안으로 들어온다. 시원한 바람에 실린 바다 내음, 눈부신 햇살 아래 펼쳐진 푸른 하늘. 그 아래 수많은 요트와 배가 줄지어 빼곡하게 정박한 모습이 장관이다. 기원전 600년경부터 지중해 무역의 거점이던 이 항구는 그 자체로 마르세유의 역사이며, 마르세유 여행을 시작하는 출발지이기도 하다.

세계 각지에서 온 여행자들과 현지인들이 북적이고, 그 활기 속에서 마르세유 특유의 낭만이 묻어난다. 해안을 따라 천천히 걸음을 옮긴다. 저 멀리, 분주하게 아침을 맞는 사람들이 보인다. 매일 열린다는 피쉬마켓이다. 갓 잡아올린 지중해의 생선과 해산물이 풍성하다. 마르세유의 일상이 생선만큼이나 펄떡거리는 생생한 현장이다.

체류 시간이 얼마 남지 않아 서둘러 꼬마 열차에 올라 마르세유 가장 높은 언덕 위에 우뚝 솟은 노트르담 드 라 가르드 대성당으로 향한다. 장난감 모양의 꼬꼬마 열차는 에메랄드빛 바다가 물결치는 코르니슈 해안 길을 달린다. 당장 바다로 뛰어들고 싶은 충동을 애써 누르느라 현기증이 날 지경이다. 열차는 무심한 듯 방향을 틀어 구불구불한 언덕길을 힘차게 오른다.

이윽고 웅장한 성당 아래에서 열차가 멈춘다. 계단을 오르자 마르세유 전경이 눈부신 파노라마로 펼쳐진다. 붉은 지붕이 이어지는 도시, 선명한 하늘빛을 머금은 바다, 그리고 저 멀리《몽테크리스토 백작》의 배경이 된 이프섬까지. 구항구에서 시작된 여정이 한눈에 들어온다. 지나가는 길에 잠시 들른 도시가 이토록 더 머물고 싶어지다니… 참, 얄궂다. 마르세유야, 미안하다.

항구에서 바라본 언덕 위 노트르담 드 라 가르드 대성당

나의 편견과 미혹이 부끄럽구나.

나부터 그랬지만, 사람들은 살아가면서 남의 말에 얼마나 쉽게 휘둘리는가. 《한비자》에 '삼인성호(三人成虎)'라는 고사가 나오는데, 딱 그 모양이다. 세 사람이 말을 맞추면 없는 호랑이도 만들어낸다는 뜻이다. 가짜 뉴스도 세 사람이 잇달아 말하면 진짜로 믿게 된다.

세계적인 복서 바실 로마첸코가 이런 말을 했다.

"뒤에서 당신을 욕하는 사람들을 신경 쓰지 마라. 그들이 당신보다 뒤에 있는 이유다."

타인의 편견과 오해 속에서 내뱉어진 말은 굳이 신경 쓰지 않아도 된다. 나 자신에게 집중하고 내 길을 가면, 누가 뭐라고 떠

대성당에서 내려다본 마르세유 전경

들어대든 결코 흔들리거나 좌절할 일이 없다. 그러려면 강인한 내면의 단련이 필요하다. 어떤 조직에서든 험담과 악담을 무기 삼아 남을 깎아내리려는 무능한 사람들이 있게 마련이다. 그들은 자신의 능력을 키우기보다 남을 밟고 올라서려 한다.

오래전, 회사 책임자가 나를 불렀다. 누군가 의도적으로 퍼뜨린 근거 없는 소문을 듣고, 사실 확인도 없이 날 추궁했다. 터무니없는 이야기였다. 소문을 만든 자나, 그것을 곧이곧대로 믿는 자나 모두 한심했다. 리더라면 먼저 확인부터 해야 했다. 나는 물었다.

"그 얘기들이 믿어지세요?"

그는 대답하지 않았다. 소문을 사실로 믿고 싶다면, 그것은 그의 자유다. 하지만 나는 그에 대한 신의와 존경을 내려놓기로 했다. 그것이 나의 선택이었고, 내가 감당해야 할 몫이었다.

스스로 당당하다면, 누구의 말에도 흔들리거나 동요할 필요가 없다. 어리석은 이들에게 굳이 해명하며 감정을 소모할 가치도, 소중한 에너지를 낭비할 이유도 없다. 다만, 시간이 흐르면 자연스럽게 걸러내야 할 사람들이 분명해질 뿐이다.

진실은 거짓을 말하지 않는다. 때가 되면, 스스로 빛을 밝히며 온전한 모습으로 드러날 테니까.

바람직한 / 리더상을 묻는다

✈ 스페인 그라나다

어딜 가나 대장질이었다. 남들은 타고난 기질이라 말한다. 대장 자리를 부러 탐낸 적은 없다. 오히려 피하려 해도 나도 모르게 나오는 행동들이 결국엔 대장이 되는 상황으로 흘러갔다. 하지만 어린 시절에는 상상도 할 수 없는 일이다.

초등학교 저학년까지 나는 숫기 없는 성격 탓에 남들 앞에서 말 한마디 제대로 하지 못했다. 부모님이 나의 사회성 결핍을 아주 심각하게 걱정할 정도였다. 그러다 초등학교 3학년 때 만난 담임선생님의 영향으로 나는 완전히 다른 사람이 되었다.

그날은 평생 못 잊을 것이다. 식목일을 하루 앞둔 4월 4일 봄날, 선생님은 나무 키우는 방법을 물었고, 반 친구들은 앞다투어 발표하려 했다. 그날 무슨 계시가 있었는지 모르겠다. 늘 조용히 있던 나도 이상하게 가만히 있을 수 없었다. 숨 막히는 긴장 속에 천근 무게를 느끼며 손을 들었고, 놀란 선생님은 당연히 나를 지목했다.

"나무는 물을 잘 주고, 꾸준히 가꾸며 보살펴야 합니다."

"맞아요! 나무는 끝까지 보살피는 게 중요하죠!"

뻔한 대답이었지만, 선생님은 환한 미소로 나를 칭찬했다. 그 순간 반 친구들의 부러운 눈빛이 느껴졌고, 내 안에서 무언가 변화하기 시작했다. 자신감이 생기고, 점점 당당해졌다. 두꺼운 알을 깨고 나온 새처럼. 아이들의 인격이 형성되는 중요한 시기, 선생님은 학생 한 명 한 명의 잠재력을 놓치지 않았다. 기회를 주고, 자존감을 키워주었다. 선생님은 그저 교사가 아니라 꿈과 희망을 심어준 진정한 리더였다.

세계 곳곳을 여행하며 역사 속 리더들을 만난다. 절대 권력과 탐욕으로 역사를 피로 물들인 왕들이 있는가 하면, 훌륭한 지도력을 발휘해 역사를 태평성대로 이끈 왕들도 있다.

그중 스페인 남부 그라나다를 여행하면서 만난 이사벨 1세 여왕이 특히 기억에 남는다. 그는 800년간 이슬람 세력에 빼앗겼던 국토를 회복하는 '레콘키스타'를 성공적으로 완수한다. 이슬람 세력의 마지막 근거지였던 그라나다를 수복하여 분열

된 이베리아반도의 모든 왕국을 하나로 통일시켰다. 왕권 강화를 통해 귀족들과 주변국들의 준동을 견제하고 교황의 압력까지 이겨내는 지혜와 용기로 스페인을 유럽 최강대국으로 도약시켰다.

1492년, 세계사의 흐름을 바꾼 콜럼버스의 신대륙 항해를 지원한 것도 그의 결정이었다. 당시 모두가 반대했던 미치광이 콜럼버스의 황당한 대항해 계획을 자신의 패물까지 내어주며 후원했고, 이는 스페인을 무적함대의 해상 강국으로 만드는 결정적 계기가 되었다. 그는 국가의 운명을 내다보는 선견지명을 가졌고, 전쟁터에서는 직접 말을 타며 솔선수범하는 지도력을 보였다. 특히, 신대륙 원주민을 노예가 아닌 자유민으로 인정한 포용의 지도력은 그의 진정성을 엿볼 수 있는 대목이다.

오직 국가와 국민을 위했던 이사벨 여왕은 스페인 역사에서 가장 찬란한 왕이자 리더였다. 이사벨 여왕이 잠든 그라나다를 비롯해 바르셀로나, 세비야 등 스페인 주요 도시에는 그가 수놓은 찬연한 역사가 곳곳에 스며 있다.

한때 최대 식민지를 거느리며 지중해와 대서양을 호령하던 유럽 강국 스페인은 지금은 세계인이 사랑하는 관광 대국이 되었다. 그 위대한 역사의 시작점에는 '통일 스페인의 어머니' 이사벨 여왕이 있다. 오늘날의 스페인 역시, 이사벨 여왕이 남긴 후세

이사벨 여왕과 콜럼버스의 동상

를 위한 마지막 선물은 아닐까.

　나는 여행을 할 때마다 역사의 한 페이지를 장식한 그 나라의 지도자들에게 남다른 관심을 가져왔다. 과거는 현재를 비추는 거울이다. 시대 상황과 환경은 달라도 인간이 만들어온 문화 속에 리더의 역할과 책임은 변함없이 중요한 가치로 남아 있다. 역사의 리더들에게서 얻는 인사이트는 현실에서 적잖은 배움이 된다.

　나는 좋은 리더가 되고 싶었다. 그래서 수많은 갈등과 고민을 안고 산다. 어쩌면 이런 노력은 초등학교 담임선생님의 그 선한 영향력이 불러온 나비 효과일지도 모른다. 학창시절부터 23년이 넘는 조직 생활을 거쳐 오면서 리더의 존재가 얼마나 중요한 자리인지를 항상 깨닫는다. 아무리 오합지졸의 구성원이 모인 조직이라도 리더가 어떤 사람인가에 따라 조직의 성패가 달라진다. 사자가 이끄는 양의 군대는 전쟁에 이겨도 양이 이끄는 사자의 군대는 전쟁에서 이길 수 없다지 않은가.

매일 같이 스스로 묻는다.

'나는 어떤 리더인가?'

마키아벨리는 《군주론》에서 말한다.

"사랑받기보다는 차라리 두려운 존재가 되라."

사회 초년생 시절부터 책상머리에 붙여 놓고 추구해온 리더상이다. 여기서 말하는 두려운 존재란 폭군이 아니라 모두에게 경외심을 일으키는 리더다. 권력으로 군림하는 대신 원칙과 솔선수범으로 일으킨 권위로 따르게 하는 리더다. 자기관리에 철저한 절제력과 탁월한 능력 그리고 강인한 신념으로 어떠한 어려움에도 흔들림 없이 자신의 길을 가는 리더다. 이런 리더는 존경의 대상이면서 동시에 두려움의 대상이 된다.

조직 구성원에게는 어떤 리더가 필요할까. 조직에서 가장

위대한 시대의 상징, 알함브라 궁전

위험한 존재는 착하기만 한 리더다. 이런 리더는 조직의 체계를 흐트러뜨린다. 직원들의 사랑을 얻기 위해 책임을 회피하며 무조건적인 'Yes'만 외친다. 갈등을 피하려 문제를 외면하기도 한다.

이런 리더를 만나는 직원은 불행하다. 성장할 기회를 박탈당하기 때문이다. 직원들은 듣기 좋은 말을 하는 리더보다 자신이 탄 배가 침몰하지 않도록 올바른 방향으로 이끄는 선장을 원한다. 미처 생각하지 못한 저 바다 너머의 세상을 보여줄 수도 있어야 한다.

오랜 조직 생활에서 나 또한 숱한 시행착오를 겪어왔다. 괜한 권위를 내세우며 조직을 경직되게 만들기도 했고, 착한 리더를 표방하며 조직의 위계를 혼란스럽게 만든 적도 있다. 조직원 개개인의 자질이나 개성을 세심히 살피지 못한 획일화된

리더십으로 뛰어난 직원을 많이 잃기도 했다.

다시 스스로 묻는다. 나는 어떤 리더로 남을 것인가.

이사벨 여왕이 잠든 그라나다 대성당

나 또한
한때는
'요새 애들'
이었다

✈ 프랑스 니스

시칠리아섬 창공을 날아올라 1시간쯤 지났을까. 눈부신 아침 태양 아래 끝없이 펼쳐진 푸른 하늘과 곡선을 그리는 해변, 온화한 파스텔 색감의 도시가 멀리서도 반짝인다.

유럽 최고의 휴양지, 프랑스 니스. 10년 만의 재회다. 뜻밖의 일이다. 10년 전 당시엔 다시 오리라고 생각지도 못했다. 인생은 예측할 수 없는 일로 가득하다.

처음에 니스를 찾은 때는 유럽 여행 시작 초기였다. 그때는 주어진 시간 안에 최대한 많은 곳을 경험하는 것이 여행의 목표였다. 특히 국경이 촘촘히 맞닿아 있는 유럽의 지리적 이점을 마음껏 누리고 싶었다. 최소 두세 개 나라는 무조건 들러야 한다고 생각했다. 육로로 국경을 넘는다는 것이 사방이 막힌 나라에서 온 여행자에게는 매우 신기하고 짜릿한 경험이었다. 당시에도 이탈리아 주요 도시를 돌고 밀라노에서 니스로 국경을 넘어가는 루트를 택했다. 직행 기차가 없던 시절, 두 번이나 갈아타며, 말 그대로 산 넘고 바다 건너 힘겹게 니스에 도착했다.

돌이켜보면, 그렇게 애써 머나먼 길을 올 필요가 있었을까. 가볼 만한 소도시도 많았을 텐데, 유명 도시만 좇던 10년 전의 나는 어설픈 여행자였다. '세계적인 휴양지'라는 수식어가 무색하게도 그때의 니스는 내게 아무런 감흥을 주지 못했다.

그런데도 니스를 찾은 건, 남프랑스 소도시 여행의 출발점이기 때문이다. 남프랑스는 4계절 온화한 기후와 그림 같은 해안 풍경 덕분에 인기 있는 여행지다. 특히 망통에서 니스, 툴롱까

프랑스 남부 휴양 도시, 니스

지 이어지는 푸른빛 해안이란 뜻의 '코트 다쥐르'는 유럽 최고의 휴양지로 오랫동안 사랑받아왔다. 어디까지가 하늘이고 바다인지 구분이 안 될 정도로 청명한 코발트블루의 색감이 환상적인 지중해 해안지역이다.

코트 다쥐르의 모든 길은 니스로 통한다. 이곳을 기점으로 칸, 에즈, 앙티브 그리고 모나코까지, 주변 도시들을 쉽게 둘러볼 수 있다. 나는 코트 다쥐르의 사랑스러운 마을들을 천천히 여행하기 위해 다시 니스로 날아온 것이다.

호텔에 짐을 맡기고 서둘러 길을 나선다. 먼저 바닷가로 직진한다. 니스의 도심은 이곳에 오기 전에 머문 시칠리아와는 전혀 다른 느낌이다. 시칠리아가 친근하고 정겨운 느낌이라면 니스는 깔끔하고 차가운 느낌이다.

나라마다 설명하기 힘든 그곳만의 독특한 분위기가 있다. 니스는 예전보다 더 세련되고 고급스러워졌다. 해변에 다다르자 새로운 세상이 눈앞에 펼쳐진다. 구름 한 점 없는 하늘이 풍덩 빠진 듯 푸르디 푸르른 바다가 넘실거린다. 거칠게 밀려오던 파도는 새하얀 포말로 발끝에서 잔잔하게 부서진다. 화사한 햇빛에 해변의 동글동글한 몽돌이 보석처럼 반짝인다. 열을 맞춘 새하얀 파라솔들과 형형색색 비치타월 위에서 일광욕을 즐기는 인파도 한 폭의 풍경화다.

"모든 것이 거짓말 같고, 어이없으며, 기가 막히고, 매혹적이다."

색채의 마술사 앙리 마티스가 니스에 바친 찬사다. 과연 다시 마주한 니스 해변은 거짓말처럼 눈부셨다. 10년 전 가을. 그 차갑고 음울한 해변은 어디 갔단 말인가.

니스의 중심, 마세나 광장으로 걸어가 태양의 분수 가운데 우뚝 선 아폴로 동상에 가벼운 눈인사를 건넨다. 꽃시장과 벼룩시장으로 꾸며지는 살레야 광장과 골목골목의 어여쁜 카페들과

레스토랑을 구경하며 니스의 일상에 스며들었다.

구시가지를 나와 해안산책길을 거닐며 해변을 따라 야자수가 우거진 남프랑

니스 중심부 마세나 광장의 '태양의 분수'

스의 정취에 흠뻑 젖는다. 해변을 따라 3.5km 길게 이어진 '영국인의 산책로' 라 불리는 '프롬나드 데장글레' 를 천천히 걸었다. 오른편에는 지중해 특유의 코발트 빛깔 바다가 시원하게 펼쳐지고 왼편에는 세련된 펍들이 내 발걸음의 박자를 맞추며 반갑게 인사를 건넨다.

석양의 니스 바다　　　니스의 산책로, 프롬나드 데장글레

　저 멀리 1000년 역사의 니스 성이 보인다. 마을 전체를 조망할 수 있는 캐슬힐 전망대로 올라선다. 탁 트인 시야로 니스의 환상적인 풍경이 펼쳐진다. 반짝이는 해변을 따라 빼곡한 빨간 지붕의 마을이 둥그렇게 감싸고, 전망대 아래로는 시원한 인공 폭포가 고개를 내민다. 슬며시 웃음이 난다. 10년 전에는 전망대를 찾아오다 길을 잃고 엉뚱한 데서 니스를 보며 실망했다. 억울한 니스에게 미안한 마음으로 그때의 아쉬움을 달랜다.

　그뿐이 아니다. 10년이나 지났다지만, 다시 보는 니스의 구석구석이 처음 보는 듯 다 새롭다. 그때는 보이지 않던 것들이 왜 지금에서야 보이는 걸까. 아, 그래 맞다. 10년 전의 나와 지금의 나는 전혀 딴 사람인 것이다. 이제야 의문이 풀렸다. 10년 동안 내가 이토록 여유로워지고 넓어지고 깊어졌다니. 대견하다.

일몰의 순간이 다가온다. 푸른 색깔로 하나였던 하늘과 바다가 서서히 두 빛깔로 나뉜다. 먼저 하늘이 붉게 타더니 그 붉은 빛으로 바다를 물들인다. 수평선을 사이에 두고 완벽한 데칼코마니를 이룬다. '모든 것이 거짓말 같고, 어이없으며, 기가 막히고, 매혹적'이라는 마티스의 찬탄이 내 안에서도 쏟아져 나온다.

최근 계속된 우리 사회 논란 중 하나는 기성세대와 젊은 세대 간의 끊이지 않는 갈등이다. 저 일몰의 하늘과 바다처럼 서로 물들어 조화할 순 없는 걸까. 특히 직장에서 두 세대 간의 거리가 멀다는데 기성세대의 '요새 애들 싸가지' 론이나 젊은 세대의 '꼰대' 론은 2000년이 넘는 역사로 동서고금을 막론한다. 나 역시 어느새 기성세대가 되어 젊은 세대의 세계관을 이해하기 쉽지 않게 되었으니, 내 안의 그 푸르던 청년은 어디 갔단 말인가.

곰곰이 생각해보면, 나 역시 한때는 '요새 애들'이었다. 사회 초년생 시절의 나는 FM대로 살아가는 상사나 선참들의 사고방식이 너무 답답했다. 그런데 세월이 흐르면서 나 또한 그렇게 되어가는 걸 모르고 살아왔다. '개구리 올챙이 적 생각 못 한다'더니 딱 그 모양이다. 올챙이가 개구리 적 생각은 할 수 없는 노릇이니, 개구리가 올챙이 적 생각하는 게 맞다. 이로써 '문제는 기성세대이지 젊은 세대가 아니라'는 이치가 자명하다.

그러자면 기성세대가 젊은 세대에게 다가가는 법부터 공부해야 한다. 그다지 어려운 공부는 아니다. 자기가 젊었던 시절에 기성세대가 어떻게 대했으면 좋았을지 하는 기억만 떠올려도 답의 8할은 이미 나와 있다. '젊은 놈이 버릇없다'며 말문을 닫아버려서는 영영 조화하고 화해할 기회는 오지 않는다. 기성세대의 문제는 자기 경험이 쌓일수록 그에 따른 신념이 내면화하여 공감의 범위가 그만큼 좁아진다는 데 있다. 갈수록 꼰대스러워지는 것이다. 그럼에도 젊은 층의 힘듦을 공감하면서 이들의 더 나은 삶을 위해 옳고 그름은 정확하게 구분 지어 주는 진짜 어른의 자세가 필요할 것 같다. 그래야 나이든 꼰대나 퇴물이 아니라 사회의 베테랑으로 남을 수 있지 않을까.

10년 만에 다시 찾은 니스는 전혀 다른 얼굴이었다. 어린 내가 만났던 니스는 이제는 어른이 된 나를 맞이하고 있다. 세월은 단순히 흐르는 것이 아닌가보다. 나를 변화시키고, 지나온 시간을 품어 새로운 풍경을 만들어낸다. 지금의 니스는 그 모든 변화를 담은 채 조용히 속삭이며 응원한다.

"더 나은 어른이 되라"고.

NICE! 니스의 이름처럼, 승리의 여신이 함께하는 나이스한 인생을 살아가야겠다. 이렇게 나는 여행을 통해 또 하나의 깨달음을 얻는다.

일곱 색깔이 모여 / 하나의 무지개를 만든다

✈ 몰타 발레타

"땡~ 땡~ 땡~"

사방에 울려퍼지는 성당 종소리가 아침을 깨운다. 유럽에 와 있다는 걸 실감한다. 맑고도 소박한 울림이다. 종소리를 따라 베란다 창문을 연다. 타임머신을 타고 하루 만에 수백 년 전 과거로 날아온 듯한 풍경이 펼쳐진다. 이곳은 세계 지도를 몇 배로 확대해도 찾기 힘든 지중해의 작은 섬나라, 몰타다.

공항에서 택시를 타고 숙소로 오던 첫날, 차창 밖 풍경은 강렬했다. 저물녘도 아닌 데 도시는 온통 노을에 물든 듯 금빛 찬란했다. 상아색 석조 건축물이 빽빽하게 들어찬 몰타는 통째로 하나의 거대한 성채였다. 얼핏 보아 예루살렘 같기도 한 몰타는 알 수 없는 비밀을 한가득 품은 신비롭고 매혹적인 여인의 모습이다.

지중해의 다이아몬드, 숨겨진 지상낙원, 유럽의 숨은 보석…. 몰타의 아름다움을 수식하는 말들이다. 몰타의 면적은 제주도의 6분의 1에 불과하지만, 단위 면적당 세계문화유산이 가장 많은 나라다. 지중해 한가운데 위치한 지리상의 특성 때문에 몰타는 고대로부터 주요 문명의 경유지이거나 정착지였다.

몰타는 유럽 열강이 너도나도 탐내던 섬으로, 그들이 남기고 간 상처가 몰타의 시간과 융화되어 고스란히 남았다. 지중해를 호령했던 페니키아부터 카르타고, 그리스, 로마, 비잔틴, 아랍-이슬람, 오스만튀르크제국에 이르기까지 지중해 지배를 위한

지중해의 거대한 성채, 몰타

전략적 거점이 몰타였다.

이 작은 섬을 차지하려는 제국들의 경쟁 탓에 몰타는 전쟁터가 되었다. 몰타는 1530년부터는 268년 동안 성 요한 기사단의 통치를 받는다. 1789년에는 나폴레옹이 점령하고, 1814년부터는 150년간 영국이 지배한다. 1964년에야 기나긴 침략과 식민의 시대를 벗어나 비로소 완전한 독립을 이룬다.

그래서 몰타는 다인종 국가다. 지금도 아랍 혼혈인, 스페인인, 이탈리아인, 시칠리아인, 영국인 등이 뒤섞여 사는 가운데 몰타어와 영어를 공용어로 사용한다. 가장 오래 몰타를 통

몰타의 수도, 발레타 (돔 건물은 카르멜산의 성모 성당)

치했던 성 요한 기사단만 해도 8개 국적의 기사단으로 구성되었다. 그렇다면 몰타의 정체성은 무엇일까, 궁금해졌다. 현지 가이드에게 물었다.

"몰타를 한마디로 어떻게 정의할 수 있을까요?"

그는 나의 우문(愚問)에 현답(賢答)을 내놓는다. 그 답이 아직도 귓가에 쟁쟁하다.

"몰타는 몰타입니다."

처음엔 '대답이 뭐 이래', 했지만 몰타에서 보내는 동안 그 대답을 실감했다. 과연 몰타는 몰타였다.

몰타의 7000년 역사에는 세계의 다양한 문명이 교차하면서 빚어낸 독특한 문화와 잦은 침탈과 전쟁이 남긴 상처가 고스란히 스며 있다. 가는 데마다 마법처럼 몰타는 새로운 얼굴을 내밀어 보였다. 도시 전체가 세계문화유산으로 지정된 몰타의 수도이자 중심도시 발레타, 제1의 도시 자리를 내주고 조용한 중세의 도시로 남은 옛 수도 임디나, 한적하지만 감성 물씬한 도시 쓰리시티즈, 5000년 전 선사시대의 삶을 엿볼 수 있는 고조섬, 에메랄드빛 블루 라군을 만나 투명한 바닷속을 누빌 수 있었던 코미노섬 등 비현실적인 풍경과 색다른 매력이 쉴 새 없이 이어진다.

시대를 아우르는 각양각색의 매력을 품은 몰타는 〈글래디에

이터〉, 〈왕좌의 게임〉, 〈트로이〉, 〈월드워Z〉 등 150여 편에 이르는 영화의 주요 촬영지이기도 하다. 아마도 이 영화들은 별도의 세트장을 마련한 필요가 없었을 것 같다. 몰타는 고대와 중세 시대 모습을 그대로 간직하고 있어서 그 지체로 세상에 다시 없는 영화 세트장이다. 몰타가 이토록 아름다운 건 다양한 문화를 융합하여 몰타만의 특색으로 승화시켰기 때문일 것이다. 하나의 정체성에 또 하나의 정체성이 더해지고 그 다양성이 모여 결국엔 세상에 없는 몰타가 된 것이다.

나는 몰타에 와서 정체성과 다양성에 관해 깊이 생각하게 되었다. 그러면서 세상이 나를 중심으로 돌아간다고 믿어온 세계

몰타의 수도, 발레타 (돔 건물은 카르멜산의 성모 성당)

관을 의심하기 시작했다. 영국 저널리스트 매슈 사이드는 《다이버시티 파워》에서 "위기 상황일수록 다양성이 힘을 발휘한다"며 "다양성은 조직과 사회에 꼭 필요한 덕목"이라고 강조한다. 또 "복잡한 문제에 직면하게 되었을 때 개개인이 모두 유능하더라도 비슷한 인재들끼리 모여 있으면 '관점의 사각지대' 때문에 결정적 허점을 노출할 수 있다"고 지적한다.

손흥민과 같은 선수 11명이 뛴다고 무조건 승리가 보장되는 것은 아니다. 능력주의라는 사회 분위기 속에서 성장해온 나는 나를 포함한 모든 직원이 손흥민처럼 되기를 바랐다. 이제부터는 사고의 틀을 깨는 다짐이 필요하다. 생각의 다양성이 확보되고 존중되는 조직이 새롭고 창의적인 아이디어를 끌어내는 원동력이 될 것이기 때문이다.

서로 다른 일곱 가지 색깔이 모여 하나의 아름다운 무지개를 만든다. 무지개도 자세히 들여다보면 세상의 모든 빛깔이 함께 조화를 이룬다. 오래전 나의 사수는 말했다.

"부족한 개인들이 만나 하나의 완벽한 팀을 이룬다."

몰타는 내게 '다양성'이라는 깊은 사유의 기회를 선물했다. 나는 몰타의 7000년 역사가 주는 가르침을 심장에 담아 간다.

내 마음의 거울

그때 그 젊은 나이에
왜 그런 부끄런 고백을 했던가
밤이면 밤마다 나의 거울을
손바닥으로 발바닥으로 닦아 보자

- 윤동주, 〈참회록〉 중에서 -

기대와
현실의
거리를
좁히는 법

✈ 룩셈부르크 룩셈부르크

한 달간의 배낭여행이 끝나갈 무렵 이 도시를 만났다. 기진맥진한 천근 몸을 이끌고 기차역에 도착하자마자 정신 차리라는 듯 느닷없이 소나기가 퍼붓는다.

'시작부터 쉽지가 않네.'

서둘러 역 앞 숙소로 들어가 짐을 풀고는 트램에 몸을 실었다. 여행 일정이 머릿속에서 뒤죽박죽 얽혀버려 가닥이 잡히지 않았다. '일단 가자! 거기만 찾아가면 돼!' 비현실적인 풍경이 담긴 사진 한 장이 나를 이끌고 온 데가 룩셈부르크다.

룩셈부르크는 유럽 지도에서 한 번에 찾기 힘들 만큼 작은 나라지만, 제주도의 1.4배로 몰타보다는 8배 더 크다. 1인당 GDP

가 세계 1위인 부자 나라로, 철강과 금융 산업의 강국이자 우주 산업의 선도국이다. 모든 대중교통이 완전 무료인 복지국가이기도 하다.

강소국 룩셈부르크는 천년 역사의 요새로 이뤄졌다. 해발고도 300m에 위치해 '유럽에서 가장 완벽한 요새'로 불릴 정도로 난공불락의 성벽으로 둘러싸여 있다. 이런 지리적 이점으로 인해 주변 강대국의 숱한 침략을 받아 파괴와 재건이 반복되었다. 수도 룩셈부르크를 지켜온 높이 50m가 넘는 성벽에는 전쟁의 상흔이 고스란하다. 역사의 상처는 이제 색다른 매력으로 볼거리가 되어 세계 여행자들의 발길을 끌고 있으니, 참 얄궂다.

유럽에서 가장 아름다운 발코니, 룩셈부르크 마을

장대비를 헤치고 '유럽에서 가장 아름다운 발코니' 라는 보크 포대 성벽 위에 올랐다. 거짓말 같던 사진 속 절경이 눈 앞에 펼쳐진다. 천년의 역사를 품은 거대한 요새가 마을을 포근히 감싸고, 알제트강은 옹기종기 모인 마을 사이를 유유히 흐른다. 시간이 멈춘 중세의 마을과 자연이 어우러진 풍광 앞에서 여행자의 얼굴에 환한 미소가 꽃처럼 피었다.

알제트강에서 바라본 성벽

내 여행은 한 장의 사진으로부터 시작된다. 우연히 마주한 풍경 사진은 여행병을 자극한다. '세상에 이런 데가 있다고? 누군가의 뽀샵질 아닐까. 직접 가서 눈으로 확인해봐야겠다'는 호기심이 잠자던 여행 본능을 격하게 깨운다.

룩셈부르크도 우연히 마주친 사진 한 장 때문에 오게 됐다. 가을로 접어든 이곳 날씨는 화창했다가 먹구름이 덮었다가 소나기가 쏟아졌다가 하루에도 몇 번씩 변덕을 부린다. 이렇게 자주 옷을 갈아입는 통에 전망대에서 보는 풍경도 시시각각 다르다. 노을 지는 저녁에는 촉촉한 비에 젖은 룩셈부르크 마을은 하늘의 별들이 내려앉은 풍경으로 반짝였다.

그렇다고 모든 데가 룩셈부르크처럼 사진의 기대와 현실이 부

성벽 위에서 바라본 룩셈부르크

합하지는 않는다. 사진 속 풍경에 탄복하여 찾아갔다가 실망하는 일도 잦다. 기대와 현실 간의 거리는 어디에나 늘 있다. 우리네 인생도 마찬가지다.

인간은 관계에서 행복과 불행이 갈리는 존재라는데, 그 관계는 서로의 거리를 좁혀가는 일이 관건일 터이다. 어떤 관계든 간에 거리와 차이가 없기를 바라서는 안 된다. 서로의 거리와 차이를 당연하다고 인정한 후에야 그것을 좁혀가는 노력이 가능해진다. 아니, 꼭 좁히려고 애쓸 필요도 없지 싶다. 서로 그만큼의 거리와 차이에서 서로의 존재와 정체성을 인정하고 대화로 풀면 세상에 풀지 못할 갈등이 어디 있겠는가.

요즘 젊은 친구답지 않게 주변 사람들을 잘 챙기는 싹싹한 직

저녁이 찾아든 구시가지 마을

고요한 룩셈부르크의 밤

원이 있다. 어느 날, 그가 찾아와 고충을 토로했다. 고객사 담당자와 끈끈한 파트너십을 맺고 싶던 그는 개인적으로도 무진 노력한 모양이다. 그것을 알 턱이 없는 상대방은 원래 하던 대로 예의를 갖춰 사무적으로 대했던 것 같다. 그러자 그는 괜한 서운함과 함께 스스로 상처를 받은 것이다. 자신이 보여준 만큼의 정성과 진심을 상대방이 알아주고, 그만큼 되돌려주길 바란 걸까. 그러나 그것은 필요 이상의 기대다.

누군가에게 뭔가를 기대하는 기쁨은, 그만큼 상처도 커지게 마련이다. 상대방의 마음이 내 마음과 같을 순 없다는 사실을 받아들여야 관계로부터 자유로워진다. 특히나 일에 대한 책임, 업무상의 거래로 맺어진 사회적 관계에서 감정의 양을 따지는 것은 그야말로 감정 낭비가 아닐까. 그 관계의 본질이 감정의 교환이 아닌, 목표를 향한 협력과 성과에 있음을 깨달아야 한다. 사적인 인간관계 속에서도 나의 진심을 전한 만큼 사랑받기를 기대하는 건 어쩌면 자신의 욕심일 수도, 자기중심적 사고에서 비롯된 거리일 수도 있다.

보이는 것과 실재하는 것의 차이를 빨리 알아차리고 인정하는 것! 내가 보여줄 수 있는 것과 상대가 보고 싶은 것 사이의 거리를 좁히는 것! 결국, 보이는 것이 전부가 아니라는 진실을 깨닫는 것이다. 나는 여행으로 또 하나의 깨달음을 얻는다.

우리는
지구에 잠시
소풍 온
것이다

✈ 오스트리아 길겐 & 할슈타트

"시간이 지나면 다 잊힐 것이고, 너희에게 부담 주기 싫으니, 내가 저 세상에 가게 되면 햇빛 좋은 날, 바람에 날려 보내줘…."

함께 TV를 보던 아빠의 느닷없는 고백에 너무 놀라 몸이 얼어붙었다. 얼마 전 여든을 맞아 산수연(傘壽宴)을 지낸 아빠는 언젠가 맞게 될 가족들과의 이별을 당신 혼자 준비하고 있는 것 같았다. 아빠는 놀란 딸을 진정시킨다.

"아, 언젠가 말이야…."

그러고는 아무렇지도 않은 척 TV 채널을 이리저리 돌린다.

전생에 무슨 죄를 지었기에, 아빠는 젊어서부터 외항선을 타느라 타향살이를 오래 했다. 그 고생으로 3남매 공부시켜 서울로 보내고, 자식을 품에 안고 산 시간보다 그리워한 시간이 곱절로 더 많은 인생이다. 7남매 집안의 차남임에도 실제로는 장남 노릇까지 하며 지금껏 살아오셨다. 그런 아빠에게는 숙제처럼 남은 마지막 과제가 있었나 보다. 당신의 인생 마무리였다.

손수 돌봐온 당신 부친의 묘소를 당신이 가고 나면, 멀리 사는 자식들에게 짐처럼 떠넘기게 될까봐 노심초사한 모양이다. 살아생전에 부친 묘소 정리를 하면서, 나중에 당신 내외 역시 자연으로 돌아가는 방법을 궁리한 듯 하다. 평생을 자식과 형제들 걱정이다. 나는 아빠의 그 마지막 숙제는 귀에 들리지도 않았다. 단한 번도 생각해보지 못한 내 부모와의 이별 과제를 처음으로 맞

호수 마을, 할슈타트

닥뜨리게 된 것만으로도 머릿속엔 대혼란이 찾아왔다.

당혹스러운 나는 부모와의 이별을 애써 부정해 보지만, 누구도 피해갈 수 없는 정해진 이별이다. 다만 시기가 문제일 뿐. 아무리 늦춰 잡아도 앞으로 10여 년. 나는 어떤 준비를 해야 할까.

오스트리아의 작은 호숫가 마을, 장크트 길겐에 간 적이 있다. 볼프강 아마데우스 모차르트의 외가로 알려진 마을이다. 볼프강 호수를 중심으로 주민 4,000여 명이 그림 같은 집을 짓고 평온하게 살아간다. 아담한 마을에는 아기자기하게 어여쁜 집들이 옹기종기 모여 있다. 좁은 골목길엔 세월의 고즈넉함이 서렸다. 천천히 걷다 보니 교회 앞마당에 아름다운 꽃과 화분으로 꾸며진 묘지들이 있다. 마을 한가운데 공동묘지지만, 앞뜰의 정원처럼 자연스럽다.

교회에 딸린 작은 교당의 문이 반쯤 열려 있다. 일전에 세상을 떠난 40대 젊은 주민의 마지막을 애도할 수 있도록 열어놓은 것

볼프강 호수 마을, 할슈타트 공원묘지

마을 한복판에 자리 잡은 길겐 공원묘지

이다. 며칠 후엔 가족장으로 조용하게 장례를 치른다고 한다. 장례 후에는 이곳에 꽃과 화분으로 정원 묘지를 꾸며놓고 날마다 들러 추모한다고 한다. 고인이 살았을 때와 다름없이 지금껏 해온 대로 일상을 이어가는 것이다. 이곳 사람들에게 죽음은 삶의 단절이 아니라 삶의 일부로 받아들여진다. 죽음도 일상의 연장인 셈이다.

장크트 길겐의 옆 마을이자 유럽에서 가장 아름다운 마을로 꼽히는 할슈타트로 넘어왔다. 이 마을에도 가장 전망이 좋은 곳에 공원묘지가 있다. 아늑한 망자들의 정원은 산 자와 죽은 자를 동시에 위로하는 안식처와도 같다.

할슈타트에는 특별한 장례 문화 명소가 있다. 공원묘지 뒤편 높은 사탑 안에는 1,200여 개의 유골이 전시되어 있다. 1720년대부터 묘지가 부족해지자 사후 15년 이상 매장된 시신은 가족이 머리뼈만 골라 정성스레 씻어내고 이름과 장식을 새겨 이곳에 봉안해왔다. 이 전통은 1995년 이후부터는 화장 후 안치하는 것으로 바뀌었다는데, 척박한 땅에서 살아내야 하는 이곳만의 특별한 장례 문화다.

그동안 까마득히 잊고 있었다. 오래전 오스트리아 여행에서 느낀 죽음에 대한 이 커다란 울림이 또다시 마음속으로 퍼져왔다. 아빠의 느닷없는 고백이 아니었다면 떠올리지 못했을 것이다. 생사를 바라보는 그들의 관점이 이제는 나에게 현실로 다가온다.

톨스토이는 《인생의 길》에서 말한다. "죽음을 망각한 삶과 죽음을 시시각각 의식한 삶은 서로 완전히 다른 상태다. 전자는 동물의 상태에 가깝고, 후자는 신의 상태에 가깝다." 산수연을 넘긴 아빠는 마지막을 시시각각 생각하는 삶을 살고 싶은 걸까. 어떻게 살아야 당신이 가치 있게 살지, 또 후회 없이 살지를 고민하는 신의 상태일까.

먹먹하고 심란한 마음을 추슬러야겠다고 생각한다. 그저 슬픔으로만 정의된 죽음이 절대 단절의 이별이 아니라 더 자유롭고 영원한 공존이 될 수 있다는 것. 삶과 죽음이 분리된 것이 아니라 함께할 수 있는 또 다른 시작이라는 것. 그렇게 생각하기로 했다. 아메리카 원주민 마야인들은 태어나고 죽는 일을 소풍 왔다 가는 것으로 믿었다.

"우리는 지구에 잠시 소풍 온 것이다."

즐거운 소풍을 끝내고 떠나는 당신의 발걸음이 가벼울 수 있도록, 삶의 무게를 내려놓고 나비처럼 자유롭게 날아갈 수 있도록 나는 미리 마음의 준비를 하려 한다. 끝은 또 하나의 새로운 시작임을 이제는 알게 되었으므로 다가올 이별은 서럽지 않을 것이다. 보낼 때도 기쁘게 보낼 수 있다면 인생은 온통 기쁨이다.

여행하듯
일상을
살아간다면

✈ 시칠리아 팔레르모

"이제 어디로 떠나요?"

"시칠리아로 가려고요."

"시칠리아요? 거기 많이 위험하다고 들었는데 괜찮을까요?"

시칠리아의 중심 도시, 팔레르모

몇 년 전, 로마에서 우연히 만난 여행 동행자와 이탈리아 중부 여행을 마치고 헤어지는 순간이었다. 유럽을 여행하다 보면 나처럼 혼자 여행 온 용감한 여자 친구들을 자주 본다. 그의 다음 일정이 시칠리아라니 혼자 여행해도 괜찮을지 걱정이 앞섰다. 시칠리아는 이탈리아 마피아의 본고장으로, 예전보다 변화하긴 했지만, 여전히 그들이 활동하고 있다고 들었기 때문이다.

　"너무 아름다운 곳이래요. 언젠가 꼭 한 번 가보고 싶었거든요."

　여행자들은 안다. 꼭 가야겠다고 작정한 곳은 누가 뭐래도 말릴 수 없다는 것을. 기대와 설렘으로 가득 찬 그의 얼굴을 보니, 만류 대신 용기와 응원을 보내야겠다 싶었다.

　"그래요. 어차피 다 사람 사는 곳이고, 여행 경험이 많으니 걱정 없을 거예요. 다녀와서 꼭 연락해요. 저도 시칠리아가 많이 궁금하거든요."

　그 뒤로 몇 년 지나지 않아, 나 역시 시칠리아에 와 있다. 이탈리아 여행을 최고로 친 괴테는 《이탈리아 기행》에서 "시칠리아를 보지 않고서는 이탈리아를 보았다고 할 수 없다"고 했다. 나 또한 이탈리아를 사랑하는 여행자로서 괴테가 이렇게까지 찬탄한 이유가 무엇인지 궁금했다.

　지중해에서 가장 크고 아름다운 섬. 제주도의 14배나 되는 이

섬은 이탈리아 최남단에 있어 변방인 듯 보이지만, 세계 지도에서 보면 지중해의 중심이자 문명의 교차지점이다. 유럽에서 아프리카로 넘어가는 길목에 커다란 삼각형 모양으로 징검다리처럼 놓여있다.

지리적 특성상 지중해의 전략적 요충지였기에 과거부터 단 한 번도 스스로 자기 운명을 결정하지 못하고 늘 쟁탈의 대상이 되어왔다. 그 오랜 외세의 침략과 지배의 반복으로 인해 이탈리아 반도와는 다른 독특한 문화를 갖게 되었을 것이다.

현재 시칠리아는 고대 그리스·로마부터 비잔틴과 아랍, 노르만과 바로크의 흔적까지 각 시대의 문명과 문화가 고스란히 스며 있다. 시칠리아는 '흰 대리석'이라는 뜻이지만, 무지개색으로 빛나는 매력적인 섬이다. 시칠리아에 도착하는 순간, 이탈리아면서도 이탈리아 같지 않은, 본토와는 확연히 다른 독특한 분위기를 감지했다. 그래서 시칠리아 사람들은 '이탈리안'이 아닌 '시칠리안'으로 불리길 원한 걸까. 그렇다면 나는 이탈리아가 아니라 시칠리아라는 또 다른 매혹적인 나라에 온 것이다.

시칠리아는 쉽게 맘먹고 오기도 힘들지만, 와서도 워낙 큰 섬이기에 뚜벅이 여행자에게는 방대한 여정을 소화하는 것이 쉽지 않다. 시칠리아는 공공 교통시설이 부족하다. 내륙 여행 시에는 버스로 이동해야 하는 불편함이 따라 승용차는 이곳 여행에서 필수다. 하지만 나는 여행을 할 때는 되도록 운전을 피한다. 혼자 여행을 하다가 예기치 않게 사고라도 당하게 될까 하는 걱정 때문이다.

불편을 감수하고서라도 대중교통을 이용하는 데는 찾아가는 도시마다 고생 이상의 매력으로 힘든 여정을 충분히 위로하고 보상하기 때문이다.

그렇게 나는 시칠리아의 관문인 카타니아를 시작으로 타오르미나, 라구사, 모디카, 노토 등의 동부 여행을 무사히 마치고, 북부로 이동해 시칠리아의 주도이자 최대 도시, 팔레르모에 도착했다. 현지에서는 '빨레르모' 라 하는데, 그 발음이 얼마나 찰진지 입에 착 감긴다. 기원전 8세기부터 시작된 아주 오래된 고대 도시다.

팔레르모는 페니키아를 시작으로 로마와 비잔틴 지배를 받다가 9세기 아랍제국에 편입되면서 번성한다. 11세기 노르만 왕조 이후 12세기 시칠리아 왕국의 수도로 발전하면서 예술적으로 가장 번화한 시기를 맞이한다. 팔레르모는 시칠리아의 다양하고 복합적인 문화적 유산을 가장 선명하게 보여주는 도시다. 특히 중세 시대에 번영을 누린 흔적이 곳곳에 남았고, 이슬람과 노르만 양식이 어우러진 독특한 건축, 그리고 깊은 역사 속에서 탄생한 이국적인 분위기가 이색적인 도시 문화를 이끈다. 그리고 마피아의 본고장으로 영화 〈대부〉의 중심 배경이자 촬영지로도 널리 알려졌다.

팔레르모에 도착하자마자 이 도시를 무작정 걸어보기로 했다. 명소를 순례하는 계획된 걷기가 아니라 마음 가는 대로 눈에 보이는 대로 그냥 걷기다. 이 도시를 오롯이 느끼기 위해 아무것도 하지 않기로 마음먹었다. 이렇게 하루쯤 정처 없이 걸어보는 것으로 첫 만남의 낯가림을 지운다. 낯선 도시에 정드는 나만의 의식이다.

다음 날 본격적인 팔레르모 여행을 시작한다. 아침 일찍 숙소를 나서는 순간부터 낯설던 어제의 팔레르모가 아니다. 난 단 하루 만에 이 도시의 일상에 무임승차한 상태였다. 마치 한 달 넘게 체류해온 사람처럼 이미 익숙해져 있다. 팔레르모는 역사의 도시답게 낡음과 허름함마저 이색적이고 고풍스럽다.

큰 기대를 안고 찾아온 여행자라면 실망할 수도 있겠다. 빈민가의 좁고 어두운 골목길에 불안해할지도 모르겠다. 하지만 내겐 이 모든 것이 이미 매력으로 다가온다.

수백 년 된 팔레르모 대성당, 노르만 궁전 등은 각양각색의 복합적인 건축 양식으로 멋짐을 맘껏 뽐낸다. 어느 길로 들어서면 아랍의 분위기가 느껴지고, 또 다른 길로 가면 중세 로마와 그리스 시대를 만나는 등 팔레르모가 지나온 세월이 다양하게 투영되어 있다.

거쳐간 문명이 함께 공존하며 문화가 한데 뒤섞인 팔레르모는 카멜레온 같다. 그래서일까. 괴테는 이런 팔레르모를 만나고 '세계에서 가장 아름다운 도시'라고 칭송했다. 괴테가 느낀 감흥이 수백 년이 지난 지금의 나에게도 고스란히 전해졌다.

어느새 어둠이 내려앉았다. 영화 〈대부〉 3부의 마지막 장면을 촬영한 마시모 극장 앞에 도착하니, 잊고 있던 마피아의 존재가 떠올랐다. 시칠리아를 쉽게 오지 못한 이유가 분명했음에도, 이 도시의 아름다움에 취해 잠시 잊은 것이다. 팔레르모에는 실제로 이탈리아 최대 마피아 조직의 본부가 있다. 하지만 정작 나는 마피아가

팔레르모 대성당

마시모 극장

범죄조직이라는 것 외에는 아무것도 아는 바 없이 마냥 두려워했던 것 같다.

카타니아에서 만난 동갑내기 시칠리안에게 마피아에 관해 묻자 그들의 존재를 부인하지는 않았다. 하지만 나 같은 여행자와 마주칠 일은 없으니 걱정하지 말란다. 지금 생각해보면 온갖 골목을 겁 없이 누비던 나는 한 번쯤 그들의 실체를 마주하길 바랐던 건 아닐까.

며칠을 머무는 동안 팔레르모는 방랑자인 나를 너그럽게 품어주었다. 나 역시 여행 중에 새로운 도시를 만나고, 낯선 이들과 부대낄 때면 한없이 너그러워진다. 내 일상에서는 상상하지 못

노르만 궁전 내 팔라티나 예배당

할 정도로 아량과 배려가 자연스레 흘러나온다. 여행을 떠나기 전의 나와는 전혀 다른 사람이 된다. 팔레르모에서도 나는 일상의 강박에서 벗어나 자유롭고 열린 마음으로 순간을 즐겼다.

여행을 하는 것처럼 일상을 살아간다면 어떨까? 아무것도 채워져 있지 않은 내 안의 빈 공간이 필요하다. 그 공간에서 자연스레 여유가 피어날 것이다. 그리고 그 여유가 너그러움을 만들고, 결국 모든 것을 있는 그대로 받아들이게 한다면, 나도, 내 곁의 사람들도 조금 더 행복해지지 않을까.

아무리 애를 쓰고 노력해도 마음에 여유가 생기지 않을 때가 있다. 오히려 날카로워지고 짜증이 난다면, 그것은 분명 내가 어딘가 불편하고 지쳐있기 때문일 것이다. 그럴 땐 상대방보다

산 카탈도 교회

나를 먼저 챙기고 내 몸과 마음에 귀를 기울여야 한다. 자신의 삶에 집중해야 한다는 신호다. 항상 괜찮다고 입버릇처럼 말하며 힘들게 견디고 있지만, 나도 모르게 병들어가는 중일지도 모르기 때문이다.

내가 먼저고 상대는 그다음이다. 자기 자신에게 가장 친절하고 관대해야 하는 건 어쩌면 당연하다. 지친 나를 진정으로 위로하고 사랑하며, 다시 일으켜 세울 수 있는 사람은 그 누구도 아닌 나 자신이다. 세상에서 나를 가장 잘 알고 있는 사람은 바로 자신이기 때문이다. 지쳐있을 땐 내가 하고 싶은 대로 내버려 두고, 마음 가는 대로 하면 된다. 그것이 자기를 위한 최선의 배려가 된다.

"나를 위해 살지 않으면 남을 위해 살게 된다."

로마의 철학자 에픽테토스의 명언이다. 인생이라는 드라마 속에 변치 않는 주인공은 바로 나 자신이다. 나는 나만의 이야기 속에서 중심이 되어야 한다. 남의 인생 드라마에 빠져 그 주인공을 빛내주는 조연이 되어서는 안 된다. 내 드라마에 충실하며 스스로 빛나는 진정한 주인공이 되어야 할 것이다.

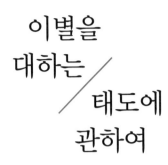

이별을
대하는
태도에
관하여

✈ 크로아티아 자그레브

새로운 만남 속에 유독 마음이 가는 사람이 있다.

한 번도 만난 적 없지만, 마치 오래된 인연처럼 정이 가는 사람이다. 여행하면서도 마찬가지다. 새로 만나는 도시의 첫인상은 여행을 감동으로 이끄는 이정표가 된다. 긴장과 흥분보다 편안함과 잔잔한 설렘으로 다가오는 도시가 있다. 시간이 지나서도 기억 저편에 숨겨놓은 보석 상자처럼 오래도록 간직하고 싶은 곳이다.

특별한 이유가 있어서가 아니다. 딱히 잊지 못할 추억이 남아서도 아니다. 그저 내 일상처럼 지내며 편안하게 만났던 곳이다. 그 도시는 바쁘게 움직이라 재촉하지도, 보여줄 게 많으니 쉬지 말라 다그치지도 않았다. 그저 얼굴에 부딪는 바람이 좋았고, 여유 있는 발걸음으로 느린 시간을 걷는 느낌이 좋았다. 오래 머물고 싶다는 호기가 생기기도 했다. 만나자마자 이별이 걱정되는 도시였다. 이곳은 그렇게 내 마음으로 들어왔다. 크로아티아의 심장, 자그레브다.

아드리아해를 사이에 두고 이탈리아와 긴 얼굴을 맞대고 있는 나라, 유럽 속의 또 다른 유럽, 크로아티아로 왔다. 동유럽에 속하는 크로아티아는 누구나 한 번쯤은 꿈꾸는 여행지다. 지상낙원이라 불리는 두브로브니크, 영화 〈아바타〉의 모티브가 된 플리트비체, 로마 황제가 사랑한 스플리트 등 환상적인 풍광을 자

크로아티아의 심장, 자그레브

랑하는 도시들이 해안을 따라 즐비하다.

그중 자그레브는 크로아티아의 수도이자 가장 큰 도시지만, 해안과는 멀리 떨어진 내륙 깊숙한 곳에 있다. 프랑스의 파리나 이탈리아 로마처럼 관광지로 유명하지는 않지만, 유럽 각 도시로 오고 갈 수 있어서 발칸반도로 향하는 관문 역할을 해온 교통의 요충지다. 그래서일까. 크로아티아를 찾는 여행자들은 자그레브를 그저 지나가는 중간 기착지로만 여기고 곧장 유명 관광지로 떠나고 만다.

나에게 각 나라의 수도는 꼭 빼놓지 않고 방문해야 하는 중요한 목적지다. 수도는 한 나라의 정치 · 경제 · 문화의 중심지이므로 여행하는 나라를 깊이 이해하는 데 중요하다. 수도 자그레브 역시 크로아티아 역사의 핵심이다.

크로아티아는 유고 연방에 속해 있다가 1980년대 말 개혁 · 개방 바람을 타고 1991년 독립을 선언했다. 이후 5년간 내전 상태에 빠졌다가 1995년 내전이 종식되고 실질적인 독립 국가가 되면서 안정을 찾았다. 여행지로 관심을 받게 된 것은 2000년대 이후다.

크로아티아는 중앙아시아와 유럽을 잇는 완벽한 위치에 있기에 기원전 로마제국을 시작으로 숱한 외세의 침략과 지배를 받아왔다. 특히 수도 자그레브는 19세기 이후부터 크로아티아 독립운동의 중심지였다. 제2차 세계대전 후에는 유고슬라비아 사회주의 연방공화국의 정치·경제 중심지였으며, 크로아티아 독립전쟁에서는 종교와 인종 갈등의 비극적 내전 한가운데 있기도 했다.

자그레브에서 한인 민박에 머물렀을 때 숙소 관리인에게 도시 치안에 관해 물었다. 그는 이 나라 사람들은 사회주의 연방국에서 벗어난 지 얼마 되지 않아, 법 규범을 매우 잘 지키고 있다고 했다. 그래서였을까. 다른 나라에 비해 좀 더 편한 마음으로 다닐 수 있었다. 어떤 도시보다 혹독한 외세의 침략을 받았지만, 그에 비해 자그레브의 구시가지 풍경은 소박하면서도 친근하게 다가왔다. 거침없는 역사에 비해 작고 아기자기한 이야기들이 곳곳에 숨어 있었다.

하나씩 보물찾기를 하듯 꺼내어 들면 입가에 미소가 번지는 도시다. 관광지라는 느낌보다 이곳 사람들의 일상에 불쑥 들어가 마치 오랫동안 함께 살아왔던 것처럼 내 일상을 느끼게 하는 신비로운 힘을 가진 곳이다. 무엇보다 구시가와 신시가가 조화를 이루며 거센 전쟁과 대지진 등의 아픔이 있었음에도 잘 보존된 도시의 아름다움이 놀라웠다. 어쩌면 끊이지 않는 내전과 비극적인 순간에서도 문화유산을 지키려 했던 이곳 사람들의 노력 덕분에 우리는 지금의 자그레브를 만날 수 있는지 모른다.

중앙역에서 파란색 트램을 타고 자그레브의 중심이자 이곳 여행의 시작점인 반 옐라치치 광장에 내렸다. 광장은 현대적이면서도 고풍스러운 건물에 둘러싸였다.

한가운데에는 늠름하게 말을 탄 장군의 동상이 있다. 1848년 오스트리아 헝가리 제국의 침입을 물리친 반 옐라치치 총독으

반 옐라치치 광장

로 우리의 이순신 장군과도 같은 이 나라 최고의 영웅이다. 왠지 자그레브의 보물 같은 명소들을 만나기 전에 가장 먼저 인사를 건네야 하는 관문 같다. 과거와 현재가 공존하는 이 도시에 또 얼마나 많은 이야기가 담겨 있을지 궁금해졌다.

서둘러 발걸음을 옮겨 골목으로 들어서는데 가파른 언덕을 오르내리는 짤막한 푸니쿨라가 보인다. 1890년에 만들어진 자그레브 최초의 교통수단이자 세계에서 가장 짧은 이동수단이다. 66m 거리의 언덕을 단 1분 만에 오를 수 있다. 단숨에 올라온 언덕 바로 앞에 우뚝 솟은 탑이 있다. 탑 안으로 들어서려는 순간 꼭대기에서 갑자기 '꽝~!' 하고 천지를 울리는 대포 소리가 났다. 너무 놀라 다리가 후들거렸다. 대포 소리를 이렇게 가까이 들어본 건 처음이다. 뒤이어 성당들의 종소리가 앞다퉈 울려 퍼지기 시작한다. 12시 정오를 알리는 소리다.

13세기 도시 방어를 위해 만든 이 탑에는 원래 시간을 알리는 종이 있었는데 도둑을 맞아 종 대신 대포를 쏘기 시작했다고 한다. 그래서 이 탑을 '도둑의 종'이라는 뜻의 이름인 로트르슈차크탑이라고 한다. 참 재밌는 도시다.

대포 소리에 놀란 맘을 진정시키고 탑의 전망대에 올라 360도 파노라마로 펼쳐진 자그레브를 만났다. 눈이 시리게 맑고 화창한 날, 중세 도시의 풍경과 동유럽 고유의 분위기는 자그레브의 매력을 더했다. 저 멀리 높게 솟은 네오고딕 양식의 자그레브 대성당과 누군가 손뜨개질을 해놓은 듯한 알록달록한 모자이크 지붕의 성 마르크 성당은 어서 만나러 오라는 듯 손짓한다.

탑에서 내려와 성당으로 향하는 길에 흔들리는 표지 깃발에 조그맣게 쓰인 한글이 보인다. 이별박물관. 무심코 지나칠 뻔했던 발걸음이 어느새 그곳으로 향했다. 'Museum of Broken Relationships' 깨진 관계, 즉 이별을 주제로 한 박물관이다. 2006년, 자그레브의 연인이던 남녀가 헤어진 후 자신들의 추억

이 담긴 물건들을 작은 컨테이너에 전시하면서 시작됐다고 한다. 이곳에는 전 세계 곳곳에서 기증된 이별의 사연과 그 사연을 담은 갖가지 물품들이 전시되었다.

이별의 흔적을 모아둔 공간이다. 떠난 연인의 물건을 부수는 데 썼던 도끼부터 첫 고백이 담긴 꼬깃꼬깃한 쪽지, 간호사와 사랑에 빠졌다 헤

이별박물관 입구

어진 참전 군인의 의족, 엄마가 마지막으로 남긴 유서까지. 세상의 모든 이별이 한자리에 모인 듯했다. 미소 짓게 하는 얘기부터 코끝을 찡하게 하는 사연들은 나를 한참이나 붙잡아두었다.

이렇게 이별의 추억을 기증한 사람들은 이곳에 아픔을 두고 조금은 가벼워졌을까. 문득 알 수 없는 물건의 주인들에게 물어

보고 싶었다. 만약 그렇다면, 내 마음속에도 나만의 이별박물관을 하나 마련해두는 것은 어떨까 싶다.

관람을 마치고 나오는 길에 기념품 하나를 샀다. '나쁜 추억을 지우는 지우개(Bad Memories Eraser)' 다. 손바닥만 한 크기의 길쭉한 이 지우개는 마치 내 아픈 이별의 기억을 모두 깨끗하게 지워주겠노라고 약속하는 것 같았다.

이별. 다시는 볼 수도 만질 수도 느낄 수도 없다는 그 먹먹함. 어떤 종류의 이별이든 헤어진다는 것은 슬프고 괴로운 일이다. 사실 자그레브를 여행하고 있을 때 나는 이별 중이었다. 지금도 또 다른 이별 중이다. 이별의 아픔은 왜 매번 같은 깊이와 강도로 다가오는 걸까. 사랑하고 싶지만, 이별은 언제나 두렵다.

타의에 의한 결별이든 자의에 의한 선택이든 이별 앞에 우리는, 갑자기 사라진 존재에 대한 허전함이 다시 익숙함으로 변하기까지 힘든 시간을 견뎌내야 한다. 누구 잘못이든 이별의 원인에 대한 자책과 후회가 가슴을 내리 찌를 때마다 참아내야 한다. 소중하게 지켜온 그 많은 날이 한순간에 아무런 의미가 없어져 버리는 허무함을 받아들여야 한다. 이 모든 감정을 오롯이 혼자 감당해야 한다. 이별은 힘들고 또 힘들다. 아마도 수십 번을 반복해도 하나 나아지는 것 없이 무한 감정의 반복을 겪을 것만 같다.

　그렇지만 나는 이별의 반복 속에 조금씩 아주 조금씩 달라졌다. 바로 이별을 대하는 자세에 대한 변화다. 모든 건 다 지나갔다. '세월이 약'이라는 속담은 만고의 진리다. 죽을 만큼, 숨 쉬지 못할 만큼 아픈 이별도 결국엔 시간이 지나면 연기처럼 사라진다는 것. 그날은 반드시 오기에 나를 위로하며, 나를 지켜나가는 것이 중요하다는 걸 알게 되었다. 이별 중인 나는 지금도 그날이 빨리 찾아오기를 기다리는 중이다. 세상에는 나를 해치면서까지 지켜야 할 사랑은 없다는 것. 사랑이 나를 해치고 있

성 마르크 성당

다면 과감하게 버릴 줄도 알아야 한다는 것도 깨달았다.

뿌리 끝까지 상해버린 꽃은 아무리 물을 주고 햇빛을 비춰도 다시 살아나지 않는다. 상처 입은 관계나 의미를 잃어버린 인연도 지켜내 봐야 아무 소용이 없다. 그저 나만 썩은 뿌리처럼 곯아갈 뿐이다. 꽃 화분에 상한 줄기를 빨리 잘라주어야 다른 줄기들이 영양분을 충분히 받고 자랄 수가 있다. 얼굴 없는 화가 뱅크시는 작품을 통해 이렇게 말했다.

"행복을 찾는 가장 간단한 방법은 당신을 슬프게 하는 것들을 놓아버리는 것이다."

나를 아프게 하는 사람에게서 멀어지는 것, 의미를 잃은 관계를 놓아버리고 단호히 끊어내는 것. 그것이야말로 내가 진정 자유로워지는 길일지 모른다.

이곳을 떠나야 할 시간이 어김없이 다가오고 있었다. 정이 가는 도시와의 헤어짐 또한 떠돌이 방랑자인 나에게는 매번 큰 이별이다. 그래서 떠나는 발걸음이 항상 무겁다. 도시와의 이별을 대하는 자세도 이제는 바꿔나가야 할 듯싶다. 비워야 채울 수 있다. 누군가를 얻기 위해 마음을 비워내야 하는 것처럼, 다음 도시와의 만남을 받아들이기 위해 자그레브를 내 마음속 이별 박물관에 잠시 맡겨두기로 했다. 그리고 나는 다시 또 먼 길을 떠난다.

상대방의
얼굴은 / 내 마음의
거울이다

✈ 크로아티아 시베니크

우연히 들리게 되는 작은 도시, 여행의 목적지가 되기보다는 이동 중에 잠시 짬을 내 가볍게 방문하는 도시다. 기대 없이 찾아온 여행자에게 오히려 더 진한 감동과 여운을 남기는 곳, 크로아티아의 시베니크다.

아드리아해를 따라 세로로 길쭉하게 생긴 나라, 크로아티아의 여정은 주로 수도 자그레브를 시작으로 플리트비체, 자다르, 스플리트, 두브로브니크로 이어지는 대표 도시 위주의 공식화된 루트를 따른다. 나 역시 큰 틀은 같지만, 좀 더 부지런함을 떨어 더 많은 세계에 닿을 욕심으로 도시 사이사이 근교 소도시들을 끼워넣었다. 그중 하나가 시베니크다. 자다르에서 스플리트로 넘어가는 사이에 반나절 일정으로 만난 아름다운 항구 도시다.

시베니크 버스터미널에 도착하는 대로 유인 보관소에 무거운 배낭과 캐리어를 떠넘기듯 맡겼다. 짐을 받아든 보관소 직원이 적잖이 놀란다. 가냘픈 여자가 이렇게나 무거운 짐을, 하는 표정이다. 한결 가벼워진 몸으로 터미널을 나오자마자 따사로운 바닷바람을 만났다. 해안과 맞닿은 길을 따라 저 멀리 요새를 향해 걷는다. 별 계획도 없다. 주어진 시간에 맘껏 이 도시를 느끼면 된다.

시베니크는 크로아티아인들이 아드리아 해안에 가장 오래전에 세운 마을로, 관광객이 북적이지 않아 여유로운 낭만을 즐기기엔 그만이다. 구시가지로 들어서자마자 발길 따라 거니는 골

성 미카엘 요새에서 바라본 시베니크 전경

목골목에 아담한 가게들과 건물들이 즐비하다. 한적한 옛 도시의 낭만이 시작된다.

여행 중 가장 행복한 순간은 온전히 사진에 집중할 때다. 눈앞에 펼쳐진 그림 같은 풍경과 다시 못 올 순간의 장면을 포착하는 것만큼 가슴 설레는 일이 없다.

사진에서 복병은 날씨다. 같은 장소라도 날씨에 따라 풍경은 완전히 달라진다. 사진이 뭐라고, 한 장소를 하루에 네댓 번이나 들른 적도 숱하다. 유럽 여행을 다니면서부터 이렇게 사진에 진심이게 되었다. 독학으로 익힌 기술이라 어설프지만, 나만의 색깔을 담고 있어 만족한다.

구불구불한 골목을 따라 미로 여행을 하고 나니 광장이 나타나고 그 한가운데 흰 벽돌 외관이 인상적인 건물이 서 있다. 시베니크의 보물, 성 제임스 성당으로 온 것이다.

이 성당은 중세 시대에 1431년부터 1535년까지 100여 년에 걸쳐 지어졌다. 고딕 양식에서 르네상스 양식으로 넘어가는 시기다. 오로지 돌로 지어 올린 석조 구조와 아치형 천장과 돔형의 성당을 만들기 위한 독특한 건축 기술이 적용된 것이 특색이다. 덕분에 2000년 유네스코 세계문화유산으로 지정됐다.

이 성당의 가장 큰 특징은 외벽을 71개의 얼굴 조각상으로 꾸민 띠 장식이다. 어린이, 여성, 노인, 군인 등 당시 시베니크 사람들의 다양한 표정을 실제 크기로 조각해놓았다. 수백 년 전 이곳을 살아간 사람들의 얼굴이라니. 하나하나 꼼꼼히 들여다보았다. 공포, 놀람, 무표정, 미소…. 세월이 흘러도 변하지 않는 희로애락이 섬세하게 새겨 있다.

재미난 얼굴을 찾아 열심히 사진을 찍다 보니, 누군가 다가와 사진을 찍어달라고 한다. 내가 전문 사진사인 줄 알고 하는 기대 섞인 부탁이다. 나는 이번에도 흔쾌히 응한다. 앵글 속에 담기는 사람들의 얼굴을 보는 것이 좋기 때문이다. 세상 어디에도 없을 환한 미소와 따뜻한 눈빛, 밝은 표정이 내 마음을 포근하게 한다. 그 순간을 놓치지 않고 포착하기 위해 애쓰는 나 역시, 여행하는 것만큼이나 행복하다. 항상 모두가 이렇게 아름다운

71개 얼굴 조각상으로 띠를 두른 성당 외벽

미소를 머금고 살아간다면 얼마나 좋을까.

어느 날, 한 직원이 내게 물었다.

"그분은 제게 불만이 있나 봐요. 제가 얘기할 때마다 인상 쓰며 말도 너무 퉁명스럽게 해요."

고객사 파트너의 태도가 불편하다는 것이다. 나는 그 이유를 알 것 같았다. 불만 있는 표정과 퉁명스러운 말투. 그것은 그 직원의 평소 모습이기 때문이다. 고객사는 그저 그의 태도에 그대로 똑같이 반응한 것이다.

나도 한때 그런 적이 있었다. 업무에 치여 늘 인상을 쓰고 날선 말투로 대하다 보니 사람들이 내게 말 붙이기가 어려웠다고 했다. 그 때문인지 나는 회사에서는 무서운 선배로 통했다.

여행을 다니던 어느 순간 깨달았다. 내 표정과 말이 상대의 표정과 말을 바꾼다는 것을. 그 뒤로 감정이 태도가 되지 않으려고 노력했다. 상대의 표정과 태도는 내 얼굴의 거울이자 반영이기 때문이다.

성 제임스 성당의 얼굴 조각상들을 보며 나도 모르게 똑같이 표정을 짓는 모습에 웃음이 났다. 귀여운 아기 얼굴에는 온화한 미소가, 짜증 부리는 얼굴에는 같이 인상을 쓰는 것이다. 이 얼굴 조각들이 왜 성당 외벽에 조각되었는지 이유는 알 수 없으나, 선대 건축가 중 누군가는 이 깨달음을 후대에도 알려주고

성 제임스 성당

싶지 않았을까. 상대방의 얼굴이 곧 내 마음의 거울이라는.

　다시 발길을 돌려 이 마을 가장 높은 곳에 있는 성 미카엘 요새로 향한다. 시베니크 최고 전망대다. 요새에 올라서니 발아래 구시가지의 꼬불꼬불한 골목들과 빼곡한 붉은 지붕의 집들이 인사를 건넨다. 에메랄드빛 아드리아해의 푸른 섬들과 어우러져 낭만적인 풍광을 자랑한다. 땀을 식히는 바람과 따사로운 햇살은 멋진 파노라마 앞에서 환한 미소를 짓게 한다. 지금부터 만나는 모든 이들에게 지금의 이 미소를 건네야겠다.

작지만
존중받는
큰 차이는
따로 있다

✈ 영국 런던

"South or North?"

유럽을 여행하다 한국인이라고 하면 어김없이 듣는 질문이다.
South와 North의 구분이 왜 그토록 중요할까. 왜 묻는지 이유
를 되물어보면 대답은 늘 같다.

"Just."

그냥 그렇다고. 결국은 휘발되어버리는 무의미한 대화로 끝나
지만, 어쩌면 그들은 말을 아끼는 것일지도 모른다. 세계 유일의
분단국가에서 온 여행자가 사는 나라의 현실이 궁금했을까.

"Japanese? Chinese?"

아시아인으로 보이면 Korean은 쏙 빼고 이렇게 묻는다. 먼저

한국인이냐고 물어본 경우는 거의 없다. 우리가 서양인을 보고 미국계인지, 유럽계인지 정확히 구분하지 못하는 것처럼, 그들에게도 아시아인은 비슷해보일 테니 헷갈릴 수도 있다. 그렇다 해도 늘 선택지에서 빠지는 건 그리 달갑지 않다. K-컬처의 영향으로 한국의 위상이 높아졌다고는 하지만, 여행을 하다보면 아직도 우리는 갈 길이 멀어보인다.

오랫동안 홀로 세계를 여행하면서 나 스스로 부여한 사명이 하나 있다.

'나는 한국의 민간 홍보대사다!'

거창해 보이지만, 특별할 건 없다. 여행 중 만나는 이들에게 나는 한국의 첫인상이자, 곧 한국이라는 나라의 문화적 경험이

런던 세인트판크라스역

될 수 있다. 마치 내가 짧은 여행 경험만으로 한 도시를 단정 짓고, 그 나라의 국민성을 판단해버리는 것처럼. 나는 한국이 불필요한 오해를 받길 원치 않았다. 적어도 내가 만나는 세계 여행자들에게 한국에 대한 좋은 인상을 주어야 한다는, 시키지도 않은 의무감에서 비롯됐다. 해외에서 한국인이 겪는 편견과 오해를 줄이려면, 나부터 모범적인 여행자가 되어야 한다는 것을 깨달았다. 누가 시켜서도, 원해서도 아니다. 어느 순간, 당연한 마음처럼 애국심이 자리 잡았다. 돌아보면, 그 시작은 내가 처음 혼자 유럽 여행을 갔을 때부터였다.

내 생애 유럽 여행의 첫 번째 도시는 런던이다. 유럽은 완전처음이어서 지금처럼 어느 도시를 선택할지 고민할 필요가 없

대영박물관

었다. 유럽 여행이 처음이라면 십중팔구는 영국이나 프랑스로 첫 여행을 떠난다. 하도 많이 들어서 익숙하기도 하거니와 유럽의 중심국이어서 그럴 것이다. 나 역시 그런 흐름에 따라 맨 먼저 영국 여행을 떠났다.

그런데 유럽 여행 전에 첫 세계 여행은 아메리카 대륙이다. 20대 후반, 첫 직장을 그만두고 뒤늦게 어학연수를 떠난 데가 캐나다였다. 로망이던 아메리카 대륙 안에 살면서 여러 도시를 휘저어가며 만났다. 이때부터 혼자가 익숙한 세계 여행에 눈을 뜨기 시작한 것 같다. 그렇게 시간이 훌쩍 지나고 서른이 넘어서야 처음으로 유럽 땅을 밟았다. 그곳이 런던이다. 유럽은 충격이었다. 그간 봐왔던 아메리카 대륙은 유럽의 아류에 불과했다. 뭐라 설명하기 힘들 만큼 위엄 있고 웅장했다. 그때 일기에 이렇게 적었다.

"런던은 아주 남성적이다. 웅장하고 대범하며 정교하면서도 깔끔한 엘리트 남성 같은 도시다. 하루하루가 벅차고 즐겁다."

그때의 감정이 지금도 생생하다. 1분 1초가 아까웠던 나는 매일 새벽 일찍 일어나 런던의 하루를 온전히 누렸다.

그러던 어느 날, 이른 아침 길을 나섰다. 골목을 지나던 중, 한 남자가 다가와 여권을 보여달란다. 모든 것이 처음이던 나는 그가 런던의 사복경찰인 줄로만 알았다. '외국인에게는 불시 신분

검사를 하는구나' 싶어 의심 없이 여권을 내밀었다. 그는 자세히 보는 척하더니 갑자기 여권을 빼앗으려 했다. 여권은 여행자의 신분이자 분신이다. 순간 뭔가 잘못됐다는 직감이 들어 본능적으로 손에 힘을 한껏 모아 여권을 낚아챘다. 남자는 당황해하더니 뜬금없이 "100유로를 보여주며 잔돈으로 바꿔줄 수 있냐"는 터무니없는 부탁을 했다. 내가 지갑을 꺼내면 바로 훔쳐 갈 태세였다. 그때 다른 두 남자가 빠른 걸음으로 나를 향해 다가오고 있었다.

'같은 일행이구나!' 힘껏 고함을 질렀다.

"Help me, Help, Help!"

내 목청이 천지를 흔들 정도로 우렁찬지 그날 처음 알았다. 일당은 움찔하며 서로 눈짓을 주고받더니 황급히 도망쳐버렸다. 지금 생각해도 등골이 서늘해지는 순간이다. 런던의 웅장함에 감탄하던 나는, 그들의 뻔뻔하고 황당한 범행에 더욱 경악했다.

유럽 여행의 로망이 산산조각 부서지는 순간이었다. 미국에서 몇 번 인종차별을 겪어본 적은 있지만, 이렇게 대놓고 강도를 당할 뻔한 건 난생처음이었다. 지금은 노련한 여행자가 되어, 여행지 어디서든 일어날 수 있는 일이라고 웃어넘기지만, 그때는 꽤 큰 충격이었다.

한국에 돌아와 그날을 다시 떠올렸다. 길 위에서 두리번거리는 모습은 단번에 관광객 티가 났을 테고, 혼자 여행하는 나는 범죄의 손쉬운 표적이었을 것이다. 문제는, 유럽에는 소매치기가 많다는 경고를 들었음에도 별다른 경계를 하지 않았다는 것. 무엇보다 여행에는 늘 예기치 않은 변수와 위험이 따른다는 사실을 간과한 것이 가장 큰 실수였다.

그때부터였다. 런던에서의 이 일로 여행은 낭만과 환상만 가져다주는 것이 아니라는 것을 깨달았다. 여행은 내 일상보다 더 냉혹한 현실이고, 매 순간 예기치 않는 경험에 또 경험을 쌓게 하는 긴장의 연속이었다. 그것이 진짜 여행이었다.

런던 여행 이후로 나의 여행관은 180도 바뀌었다. 관광이 아니라 진짜 여행을 하기로 했다. 더 많이 부딪히고, 더 많이 도전

국회의사당(웨스트민스터 궁전 엘리자베스 타워)의 빅벤

하며, 새로운 세계와의 만남을 완전히 경험하고 싶었다. 여행은 일상에서 결코 얻을 수 없는 수많은 경험을 선물했다. 그것이 좋은 기억이든 나쁜 기억이든 모두 내 인생의 자산이 되었다. 그리고 깨달았다. 다채로운 세상을 만나기 위해서는, 그만큼 철저한 준비가 필요하다는 것을.

"진정한 여행은 새로운 풍경을 보러 가는 것이 아니라, 세상을 바라보는 또 하나의 눈을 얻는 것이다."

프랑스 소설가 마르셀 프루스트의 여행관이다. 여행을 거듭할수록, 만나는 도시가 쌓여갈수록 좁았던 시야가 넓어지고, 사고는 더욱 유연해졌다. 그 과정에서, 나는 이전보다 한층 더 성숙해졌다. 그렇게 나만의 여행 원칙이 하나둘 생겨났다. 기본적인 현지 언어를 익힐 것, 그 나라의 문화를 알고 최대한 존중할 것, 예의를 지킬 것, 나를 보호할 것, 대신 항상 여유 있는 미소를 잃지 않을 것 등 이방인으로서 현지인의 삶을 존중하려는 노력은 여행을 더 안전하면서도 값지게 만들었다. 여행이 깊어갈수록 이 모든 원칙의 기저에는 하나의 전제가 깔렸다.

'나는 한국인이다.'

내가 그들의 문화를 존중할 때, 그들도 한국인에게 호의를 갖는다. 이러한 노력이 쌓이면, 아시아인 혹은 한국인이라는 이유로 받는 차별적 처사도, 무시 받는 경우도 점차 줄어들 것이다.

그중에서도 가장 중요한 건 옷차림, 즉 패션이다. 당연하게 여기겠지만, 의외로 간과하기 쉬운 부분이다. 옷차림 하나가 생각보다 큰 차이를 가져다준다. 직장 생활에서도 옷차림은 중요하다. 사치스럽게 꾸미라는 게 아니다. 단순한 멋과 뽐냄이 아니라 나를 만나는 모든 사람에 대한 최소한의 예의로써 옷차림을 갖추는 것이다. 옷은 사회적 언어다. 상대에게 건네는 무언의 메시지이다. 만남에 임하는 나의 자세와 마음가짐을 표현하며 신뢰를 주고 때로는 역할과 지위를 암묵적으로 알려줄 수도 있다. 서로의 내면을 알기 전엔 누구나 겉모습으로 상대를 판단할 수밖에 없다. 옷차림으로 상대방에게 성의를 다한 모습을 보일 때 상대로부터 호감을 기대할 수 있다.

여행할 때도 마찬가지다. 편안함만 고려한다면 트레이닝복이나 등산복이 좋겠지만, TPO를 무시한 복장은 여행객이라고 하여 용인되기 쉽지 않다. 또 관광객 스타일이 아니라 마치 그곳에 사는 현지인과 같은 자연스러운 옷차림이라면 소매치기나 부당한 대우로부터도 한층 더 자유로워진다. 패션 역시 존중받는 여행을 위한 전략이 될 수 있다. 깔끔하고 세련된 복장에 예의를 갖춘 한국인 여행자 많아진다면 이보다 더 좋은 외교적 이미지 메이킹이 또 있을까.

05

그래도 나는 떠난다

내가 여행하는 이유는 단 하나

나에게 가장 낯선 자인 나 자신을 탐험하고 마주하는 것

그 하나를 찾아 살지 못하면

내 생의 모든 수고와 발걸음들은 다 덧없고 허무한 길이었기에

- 박노해, 〈내가 여행하는 이유〉 중에서 -

내가
혼자 / 떠나는
이유

✈ 그리스 미코노스

비행기를 놓쳤다!

전날 아테네의 가장 높은 언덕, 리카비토스에 올라 야경에 취하고 와인에 취하다 새벽녘에야 숙소로 돌아왔다. 다음 날 아침 7시 30분에 출발하는 미코노스행 비행기를 타야 해서 잠깐 눈만 붙인다는 게 그만 깊은 잠에 빠지고 말았다. 잠결에 시계를 보고 화들짝 놀라 깼다. 이륙 1시간 전이다! 용수철처럼 튕겨 일어나 널브러진 짐을 가방에 한 번에 쓸어담고는 택시를 잡아타고 내달렸다. 느긋한 그리스 택시 운전사를 독촉하여 한국의 총알택시를 맛보게 했다. 그렇게 달렸건만 5분 차이로 닭 쫓던 개 신세가 되고 말았다.

단 5분이 끼친 손해가 이만저만이 아니다. 비싸기로 소문난 미코노스행 국내선 항공권을 운 좋게 싼값에 잘 구했다가 종이 비행기로 날려먹고 갑절이나 비싼 삯을 치르고 표를 다시 구해야 했다. 게다가 미코노스를 1분이라도 더 보겠다고 느린 페리 대신 빠른 비행기를 선택했는데, 4시간을 공항에서 허송세월했다. 그나마 밤 비행기가 아닌 게 천만다행이라며 위안 삼으며 다음 비행기를 기다렸다.

"희진 씨?!"

누군가 내 이름을 불렀다. 아테네 공항 한복판에서 나를 아는 이가 있을 리 없는데, 한 번 더 들려오는 소리에 돌아보니 어젯밤, 언덕에서 함께 술잔을 기울이던 숙소 일행 중 한 명이었다.

미코노스의 여름 풍경

내가 이미 떠난 줄 알았던 그는 멍하니 서 있는 내 모습에 놀란 눈치였다. 불현듯 어젯밤이 떠올랐다. 아침 비행기를 놓칠까 걱정하는 일행들에게 자신 있게 '걱정하지 말라'고 소리치던 나. 그들의 예상대로 난 비행기를 놓쳤고, 결국 공항에 덩그러니 남겨졌다. 그대로 들켜버린 순간이었다. 어색한 대화가 오간 후, 그는 떠났다. 다시 혼자가 된 나는 정신을 다시 가다듬었다.

한참을 기다린 비행기는 35분 만에 나를 미코노스섬으로 데려다줬다. 지각생의 마음이 조급해졌다. 아, 피 같은 4시간. 그 시간이면 이 섬을 몇 번을 돌고 돌았을 텐데…. 이 미련한 한탄. 하지만 그럴 새가 없었다. 숙소에 짐을 던지다시피 넣고는 내달렸다.

바람의 섬, 미코노스

그렇게 만났다. 낭만 가득한 에게해의 낙원, 미코노스. 마음의 여유라고는 한 조각도 없이 도착한 이곳에서, 해변에 이르러서야 비로소 섬의 아름다움이 서서히 눈에 들어온다. 온통 눈부신 흰빛으로 물든 순백의 집들, 그와 대비되는 푸른 하늘과 바다, 섬을 감싸 안는 바닷바람과 언덕 위 하얀 풍차들 그리고 곳곳을 수놓은 해변들까지. 그림이었다. 마음이 차분해지고 여유가 찾아왔다. 이곳의 모든 것이 아등바등 달려온 나를 포근히 감싸주었다.

미코노스는 '그리스의 발코니'로 불리는 지중해의 대표 휴양지다. 진정한 여유와 힐링의 의미를 조용히 속삭이는 곳. 지친 여행자의 마음속으로 천천히 스며든다. 소설가 무라카미 하루

미코노스의 테라스라 불리는 리틀베니스

키가 이곳에서 3년을 머물며 《상실의 시대》를 집필했다니, 그 이유를 이제야 알 것 같다.

구불구불 하얀 미로 같은 골목으로 이어진 미코노스의 메인 타운, 호라 마을로 들어섰다. 이곳은 유명한 이온 음료 TV 광고를 촬영한 곳이다. 광고 배경이 산토리니로 알려졌지만, 주인공이 신나게 뛰어다녔던 곳은 바로 이 미코노스 골목 타운이다. 1.5km밖에 되진 않지만, 거미줄처럼 얽힌 골목은 길을 잃어도 좋을 만큼 다채로운 모습으로 여행자를 맞았다. 아기자기한 상점들과 분위기 있는 레스토랑이 골목을 가득 메우고, 독특한 그리스 전통가옥과 아름다운 교회는 이곳을 찾은 이방인들의 부러움을 사기에 부족함이 없다.

조금 더 걷다보면, '미코노스의 테라스' 라 불리는 리틀베니스를 만난다. 베네치아 양식의 집들이 늘어서 있어, 리틀베니스로 불린다는 이곳은 알록달록 다채로운 건물들이 오밀조밀 모여 있고, 각양각색의 테라스는 작은 장난감 나라를 연상케 한다.

속이 훤히 비치는 바다와 눈부신 하늘 그리고 무지개색 건축물의 조화는 미코노스의 가장 낭만적이고 아름다운 바다 풍경을 자아낸다. 리틀베니스에서는 아름다운 석양을 감상할 수 있을뿐만 아니라 저 멀리 미코노스의 상징인 풍차 언덕, 카토밀리가 한눈에 들어온다. 5개의 풍차가 나란히 에게해를 바라보는 언덕은 미코노스가 왜 '바람의 섬'인지 보여준다.

뉘엿뉘엿 해가 지기 시작한다. 태양은 수평선 너머로 서서히 모습을 감추며 마지막 빛의 여운으로 미코노스를 붉게 물들였다. 모두가 행복한 미소를 지으며 연인끼리 또 가족끼리 이 순간을 함께하는 모습이 너무도 아름다워 보였다. 그 광경을 바라보노라니, 같은 공간 속에서 나 홀로 다른 세상의 시간을 보내는 것 같았다. 외로워졌다.

극한의 고통과 희열이 공존하는 나의 여행 속에서 예전에는 느껴본 적 없던 외로움이라는 감정이 올라온 순간이었다. 파도가 발끝을 살랑살랑 스칠 만큼 바다와 맞닿은 카페에 앉아 와인 한 잔을 걸쳤다. 여행의 피로가 취기와 만나 깊은 외로움으로 찾아온 것이다. 같은 시간, 한국에서는 추석날 아침이 시작되었다. 홀로 떠나온 나는 함께할 가족도 없고 차례상도, 맛있는 나물도 없었다. 그래서 더 쓸쓸했나 보다. 그때 끄적거렸던 메모장의 기록이 있다.

"제길… 해지는 걸 보니 사람이 그립네…."

나는 나홀로 세계 여행을 다니는 직장인이다. 일상에서는 일벌레이지만, 틈과 짬을 최대한 끌어모아 1년에 한두 번은 반드시 커다란 배낭을 둘러메고 유럽으로 떠난다. 버스를 타고 기차를 타고 국경을 건너며 유럽의 여러 도시를 이동하면서 떠돌이, 이방인 생활을 자처한다. 여행병, 여행 중독에 걸린 게 틀림없다. 그러다 변덕스러운 날씨 탓에 감기에 걸리기도, 매일 반복되는 빡빡한 일정에 체력이 바닥나기도 한다. 또 소매치기와 눈싸움을 벌이며 매서운 눈빛을 보내고, 낯선 골목의 갈림길에서 몇 번이고 길을 잃는다.

하지만 나는 다시 길 위에 선다. 내게 여행은 사치가 아니다. 낭만이나 여유로운 휴식과도 거리가 멀다. 여행은 나 자신을 시험하는 무대이자 아직 배우지 못한 인생 공부의 대학이다.

누군가는 물을 것이다.

'왜 여행을 그렇게 힘들게 다녀요?'

숱하게 들어온 질문이기도 하다.

이런 비유가 맞을지 모르겠다. 맹독을 품은 복어는 스스로 독을 만들지 않는다. 독이 든 먹이를 먹어 체내에 독을 쌓는다. 포식자로부터 자신을 지키는 생존 전략이다. 나 또한 여행을 통해 고난의 경험을 축적함으로써 강인한 나를 만드는 과정이라면 너무 거창할까.

고독을 친구로 삼고 일상에서 만나기 힘든 내 안의 나를 만나는 그 소중한 시간에 불현듯 찾아온 어색한 그리움이었다. 쇼펜하우어는 "행복해지고 싶다면 고독해져라"고 했다. 고독한 사람만이 온전한 행복을 누릴 수 있는 권리가 있다는 것이다. 그의 인생론을 추종하는 나로서도 이날만큼은 별수 없었나 보다. 하지만 그 순간들이 아직도 좋은 날의 기억으로 남은 이유는 그의 말처럼 온전한 행복을 느낄 수 있게 한 고독이 함께했기 때문은 아닐까.

그리고 온몸을 감싸던 부드러운 바람, 찰랑대던 금빛 물결, 온 세상을 붉게 물들이던 노을이 나의 그리움과 외로움을 채워줬기 때문일 것이다. 마치 미코노스가 쓸쓸한 나를 위해 연출해낸 아름다운 마술처럼….

쇼펜하우어는 말했다.

"인생이란 혼자서 목적지에 이르는 여행이다."

오로지 나라는 사람과 함께 나만의 길을 가는 것. 그것이 나의 인생이고 여행이다. 나는 여행을 통해 내면을 채우고 나의 역사를 만들어가는 중이다. 내가 혼자 떠나는 이유다.

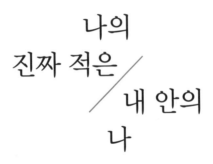

나의
진짜 적은 /
내 안의
나

✈ 시칠리아 체팔루

강렬한 햇살이 온몸을 파고든다.

그늘 하나 없는 경사진 바위산 중턱, 벌겋게 익어버린 얼굴로 멍하니 서 있다. 이 뜨거움은 이제 시작될 혹독한 여정의 신호탄에 불과했다. 고문이 따로 없다. 심지어 나풀거리는 원피스에 빨간 플랫슈즈, 챙 넓은 검은 모자까지…. 영락없는 꽃 나들이 옷차림은 돌산과는 이질적이다. 온갖 멋이란 멋은 다 부린 채로 가파른 바위 절벽 중턱에 엉거주춤 선 나를 누군가 봤다면 웃음을 참기 힘들었을 것이다.

'올라갈까? 그래 여기까지 왔는데 끝까지 가보자!'

'아니야, 의미 없는 짓이야. 그만 내려가자.'

진퇴양난, 사면초가, 고립무원… 이 순간을 표현하는 온갖 사자성어가 다 떠오른다. 이러지도 저러지도 못하는 사이에 내 안에서 두 자아가 갈등하며 싸운다. 난생처음 겪는 막막함이다. 따지고 보면 별것도 아닌 일에 이토록 치열한 내적 갈등이라니. 위기를 자초한 그 순간을 생각하면 지금도 아찔하다.

영원히 잊히지 않을 불멸의 영화 〈시네마 천국〉의 촬영지, 시칠리아의 작은 바닷가 마을 체팔루로 왔다. 팔레르모에서 50여 분 기차를 타고 눈부신 지중해를 감상하며 달려오면 시칠리아의 최대 휴양도시, 체팔루를 만난다. 도착하자마자 〈시네마 천국〉 OST의 아련한 멜로디가 귓가에 울려 퍼지는 것 같다. 어른

로카 바위산에서 바라본 체팔루 마을

이 되어 다시 고향을 찾은 주인공 토토처럼 에메랄드빛 바다와 병풍처럼 마을을 감싼 바위산은 여유로운 미소로 나를 반긴다.

이탈리아 본토의 마을들과는 또 다른 느낌의 한적하고 평화로운 마을이다. 낡은 시간을 머금은 정감 어린 집들과 낯설면서도 어딘가 익숙한 골목길을 따라 천천히 거닐어본다. 시간 여행을 하듯 중세 거리를 걷다 보니 어느새 해변의 마리나 광장이다. 눈앞의 풍경이 〈시네마 천국〉의 영화 속 장면과 겹쳐 보인다. 여름밤의 야외 상영 신이 촬영된 장소다. 세월이 그렇게 흘러버렸는데도 시간이 멈춘 듯 영화 속의 모습 그대로 닮아있다.

'풍덩~ 풍덩~' 마리나 광장에서부터 길게 이어진 마을 어귀 방파제에서는 다이빙 향연이 펼쳐진다. 삼삼오오 손을 잡고 함께 바닷속으로 뛰어들기도 하고, 저마다 멋진 자세로 파도타기를 하듯 잇달아 다이빙하기도 한다. 한 어린 소년은 멀리서 힘껏 달려와 점프를 하고는 공중에서 자유롭게 유영하듯이 떠올랐다가 힘차게 깊은 바닷속으로 잠겨버린다.

한창 여름을 달리던 뜨거운 날씨 속에서 다이빙을 즐기는 사람들도, 구경하는 이들도 모두 하나같이 밝고 신이 난 모습이다. 체팔루에 오면서 수영복을 미처 챙겨오지 못한 나는 그저 한없이 부럽기만 했다.

체팔루는 팔레르모에서 머무는 동안 반드시 짬을 내어 와야겠다고 생각했다. 아무리 시간이 없더라도 놓치지 않겠다고 다짐했다. 좋아하는 영화의 촬영지 때문이기도 했지만, 꼭 챙겨 보고픈 것이 있어서였다. 그 첫 번째가 체팔루 두오모 대성당이다. 이 성당은 유네스코 연속유산으로 등재된 '아랍-노르만 팔레르모 그리고 체팔루 대성당과 몬레알레 대성당' 세 개의 성당 가운데 하나로, 노르만족의 시칠리아 왕국 시대에 세워진 건축물이다. 나는 이미 팔레르모와 몬레알레를 다녀왔기에 나머지

체팔루 대성당

대성당이 있는 체팔루를 꼭 와야 했다.

이 유산들은 12세기 시칠리아 노르만 왕국의 서유럽-이슬람-비잔틴 사이의 다문화적 융합의 중요한 특징을 모두 표현한다. 역사적으로나 문화적으로 그 가치를 세계적으로 인정받는다.

체팔루에 오기 직전에 팔레르모에 있는 노르만 궁전의 왕실 예배당과 몬레알레 대성당을 만났다. 시대 변화에 따른 다양한 문화 예술 양식들이 조화를 이루는 이 건축물들은 지금까지 봐온 그 어떤 것보다 더 화려하고 아름다워 한동안 입을 다물 수가 없었다. 특히 성당 내부의 주 제단과 상단을 꾸미는 황금빛 모자이크 장식은 인간의 솜씨라고는 믿기지 않을 만큼 너무도 정교하고 섬세했다. 그 감동을 체팔루 두오모에서도 느끼고 싶었다.

허름한 골목을 지나면 탁 트인 마을 중심 광장에 우뚝 솟은 두오모 대성당이 등장한다. 하늘로 뻗은 2개의 첨탑을 어깨에 인 웅장한 규모가 인상적이다. 거침없이 성당 내부로 향했다. 문을 열고 막 들어가는 순간 멈칫하고 발걸음을 멈춘다. 아, 이런…. 하필 내부 보수 공사 중이었다. 성당의 제단이 커다란 장막에 가려 있다. 이렇듯 여행을 다니다 보면 가는 날이 장날인 경우가 허다하다. 아쉬움을 뒤로 한 채 대성당을 나오니 두오모를 감싸 안은 바위산이 우두커니 나를 바라보고 섰다.

내가 체팔루를 찾은 두 번째 이유는 마을 전경이 한눈에 들어오는 로카 디 체팔루(Rocca di Cefalu) 바위 절벽이다. 로카에서 바라보는 절경이 크로아티아의 두브로브니크 성벽 위에서 내려다본 풍경과도 흡사해 직접 확인하고 싶었다.

손에 잡힐 듯 가까워보이는 바위산은 그리 높지도 가팔라보이지도 않는다. 천천히 올라가기 시작했다. 고도가 높아질수록 에메랄드빛 바다와 붉은색 지붕이 어우러진 그림 같은 풍경이 고개를 내민다. 매 순간을 다 카메라에 담고 싶지만, 정상에서 만나게 될 더 아름다운 모습을 기대하며 카메라를 가방에 넣어둔다. 뙤약볕이라 조금만 걸어도 땀이 줄줄 흐른다. 걸음마다 호흡을 조절하며 계단과 경사진 언덕을 오르내리길 반복했다.

'이상하다. 꽤 걸어 올라온 것 같은데…'

로카 바위산 전경

끝이 보이지 않는다. 분명 30분 정도만 올라가면 된다고 했는데···. 내가 지금까지 쫓아온 로카 정상의 요새는 계속 눈앞에서 멀어져만 갔다. 10m를 다가가면 100m가 멀어지는 느낌이다.

이때부터였다. 목이 타고 당이 떨어지기 시작했다. 가까운 거리에다 가벼운 언덕길 정도거니 여겨 마실 물도 챙기지 않고 운동화도 신지 않은 채 한껏 멋을 부린 하늘거리는 차림으로 등반길을 나선 것이다. 가방을 뒤져보니 초콜릿 땅콩과 소시지뿐이다. 이걸 먹으면 목이 더 마를 텐데···. 갈등은 여기서부터 시작됐다. 더 갈지 말지 잠깐 생각해보기로 했다.

'뭔가 잘못됐다. 그냥 내려가자.'

몇 미터를 그렇게 내려오는 와중에 발걸음을 멈췄다.

'아니지. 지금까지 온 게 너무 아깝잖아. 또 언제 온다고. 그

로카에서 내려다본 체팔루

로카 바위산에 오른 그 옷차림

냥 올라가보자.'

그러고는 뒤를 돌아 내려오던 길을 또 올라가기 시작했다.

자꾸만 멀어지는 로카의 요새는 나를 놀리는 것 같다. 누군가에게 물어보려 해도 나 말고는 아무도 없다. 산 중턱에 비스듬히 멈춰 서서 또 생각에 잠긴다. 내려갔다 다시 올라갔다. 그러기를 수백 번 했던 것 같다.

인간은 하루에 무려 3만 5,000번이나 결정을 내린다고 한다. 난 아마도 이때 하루에 내려야 할 결정의 횟수를 단 몇 시간 만에 다 써버린 것 같다.

미끄러운 신발 때문에 경사에서 넘어질 뻔도 하고 힘이 빠진 다리는 작은 돌부리도 쉽게 넘질 못했다. 풍경 따윈 이제 눈에 들어오지도 않는다. 눈앞이 하얗게 변하고 머리도 아프기 시작한다. 온몸이 땀범벅이다. 그렇게 꾸역꾸역 드디어 정상에 닿았다. 30분은 웬 말인지…, 두 시간은 족히 걸린 것 같다.

정상에 오른 순간, 모든 것이 멈춰버린다.

'아… 내가 찾던 풍경이 아니다.'

그냥 여긴 정상일 뿐이었다. 두브로브니크 성벽에서 내려다본 풍경 같은 건 없다. 그저 먼 바다와 손톱보다 작은 집들만 뭉텅이로 보일 뿐. 허탈했다. 2시간여 사투 끝에 겨우 올라왔는데 10분도 채 머물지 않았다. 어서 내려가서 해변을 즐기는 게 백

번 낫겠다 싶었다.

"인생은 네가 본 영화와는 달라. 인생이 훨씬 힘들지."

알프레도가 토토에게 건넨 대사가 귓가를 때린다. 요새에서 내려오면서 정말 많은 생각을 했다. 뭐가 잘못됐을까…. 이날 나는 생애 최고로 치열한 나와의 전쟁을 거대하게 치렀다. 신속하고 과감하게 결단을 내렸어야 했다. 결정했다면 미련을 두지 말아야 했다. 혹시 남게 될 후회가 두려워 나는 수백 번 같은 고민을 한 거다. 고민하던 시간에 한걸음이라도 더 빨리 올라왔다면, 차라리 더 빨리 내려갔다면 다른 데 쓸 시간을 벌었을 텐데…. 모든 순간이 후회스러웠다.

그렇다면 내가 사진으로 봤던 그 풍경은 도대체 어디였단 말인가? 다리에 힘이 풀려 내려오는 길에 그늘 밑 벤치에서 잠시 쉬어가기로 했다. 한참 땀을 식히고 일어서려는데 이정표가 눈에 들어왔다. 올라올 때 봤던 길이긴 한데, 더 높이 가야만 한다는 생각에 유심히 보지 않고 지나친 길 안내표시다. 혹시나 하고 그 이정표를 따라 내려가 봤더니 쏟아질 듯한 체팔루의 붉은 지붕 절경이 눈앞에 기습적으로 펼쳐진다.

'아, 바로 여기다!'

단전 끝에서 울려 퍼지는 외마디. 한참을 넋 잃고 바라보기만 했다. 이 절경이 더없이 값지고 소중하게 느껴졌다. 그렇게도 찾아 헤맸으니 말이다. 제대로 알아보지도 않고 무작정 달려든 나의 무지함과 자만심, 내적 갈등으로 허우적대던 우유부단함. 무수한 자책이 밀려왔다. 혼자 여행을 수십 년을 다녀도 아직도 나를 제대로 알지 못했구나. 어리석은 내가 여기 더 있었구나.

이래서 시인 고은은 "내려갈 때 보았네. 올라갈 때 보지 못한 그 꽃"이라고 노래했을까. 지금 내가 딱 그 모양이다.

그렇게 로카와 한바탕 씨름한 나는 해안가로 내려와 모래사장 위에 털썩 주저앉았다. 뜨겁던 태양도 한풀 누그러져 체팔루를 붉게 물들이기 시작했다. 때마침 불어오는 서늘한 바람이 나의 타는 가슴을 식혀준다. 잔잔한 파도는 내 발끝을 토닥인다. 부드럽고 푹신한 모래 위로 천천히 누워본다. 〈시네마 천국〉이 아닌 진짜 천국이 이곳이 아닐까, 하는 생각마저 든다.

오늘의 그 긴 여정이 내겐 다시 없을 경험이 되었다. 이날의 복병은 바로 나 자신이었다. 때론 나의 진짜 적은 그 누구도 아닌 내 안의 나일 수도 있다는 걸 뼈저리게 느낀 하루였다. 독일의 시인 로가우가 노래했다.

"자기 자신과 싸우는 일이야말로 가장 어려운 싸움이며 자기 자신을 이기는 것이야말로 가장 놀라운 승리다."

운명적
사고 VS.
메타 인지

✈ 그리스 델포이

신이 필요할 때가 있다.

미래에 대한 걱정과 불안이 최고조에 달할 때 가장 강렬하게 신을 찾는다. 예수, 부처, 알라…. 누구라도 상관없다. 종교적

델포이 절벽 위에 자리한 아폴론 신전

믿음을 위한 신앙이 아니라, 당장에라도 내 운명의 답을 줄 수 있는 존재가 필요할 때다. 한때는 연초가 되면 운세나 사주를 보고, 궁금한 연애가 있으면 타로점을 보며, 누군가 신점을 잘 본다고 하면 솔깃하기도 했다. 그렇다고 점괘를 진지하게 믿은 건 아니다. 결정 장애 해결을 위한 작은 힌트를 얻거나, 내가 생각한 문제의 해답을 확인받고 싶었기 때문이었다. 우리 삶에 신의 영역이 어디까지 영향을 주는지는 몰라도, 또 과연 신이 존재하는 것인지 알 수는 없지만, 운명과 미래를 미리 알고자 하는 인간의 욕망은 아주 오래전부터 시작됐던 것 같다.

그리스를 여행할 때였다. 신화와 전설의 나라인 만큼 그리스는 도시 곳곳의 신비로운 이야기로 여행자들의 정신을 쏙 빼놓는다. 시간이 한정된 직장인이 그리스에 오면 여행지에 대한 선택과 집중이 요구된다. 아테네와 섬 위주로 여행 중이던 나는 아무리 멀어도 절대 빼놓고 싶지 않은 도시가 있었다. 고대 그리스인들이 세계의 중심으로 여긴 델포이(델피)다. 델포이는 고대 그리스 시대 가장 신성한 땅으로 신과 인간 세계를 연결하는 통로이자 세계의 중심으로 여겨졌다. 당시에는 이곳에 가면 마술 같은 기적이 일어난다고 굳게 믿었다. 인간이 판단할 수 없는 문제해결에 대한 물음에 신이 응답하는 '신탁'의 영험

함 때문이었다.

고대 그리스인들은 세상의 모든 인간사는 신의 뜻에 따라 결정된다는 운명론적 세계관을 가졌다. 그래서 신에게 묻고 그 뜻에 따라 의사결정을 하는 관습을 매우 중시했다. 이곳 델포이의 신탁은 예언의 적중률이 높기로 유명해 그리스뿐 아니라 지중해 전역의 주변 국가들까지 중대사를 결정하기 위해 찾아오는 신탁의 성지였다.

아테네에서도 네 시간쯤 차를 타고 가야 만나는 델포이 신탁은 깊은 산속 가파른 절벽 중턱에 자리한다. 신의 응답을 인간의 세계로 전하는 곳이어서 첩첩산중 이리 높은 곳에 있는 걸까.

델포이는 기원전 8~6세기 무렵만 해도 아테네보다 훨씬 번성한 도시였다. 지금은 자그마한 시골 마을일 뿐이다. 마을 주변으로 2500여 년 전의 유적이 넓게 존재하는 걸 보면 델포이의 당시 규모감과 위엄을 충분히 엿볼 수 있다.

그리스에서도 두 번째로 높다고 하는 거대한 파르나소스산이 웅장한 자태로 도시를 에워싸고 있고 아래로는 올리브숲으로 뒤덮인 협곡이 드넓게 펼쳐져 있다. 풍수 문외한이 보아도 최고 명당이 틀림없다.

델포이에 도착하는 순간 기분 탓인지 기운 탓인지 신성한 마법 가루가 뿌려지는 듯 신비로운 분위기가 감돈다. 어디선가 신이 지켜보고 있을 것만 같아 경건한 마음으로 발걸음을 옮겨본다.

델포이 유적지 입구 아고라에서부터 언덕 위 신전까지 신탁을 받기 위해 올라가던 길을 '신성한 길'이라고 한다. 여전히 뜨겁던 늦여름, 뙤약볕을 온몸으로 받아내며 그늘 하나 없는 신성한 길을 성지순례 하듯 올라갔다. 언덕길을 올라 길이 끝나는 곳에 드디어 거대한 신전 터가 펼쳐졌다. 바로 델포이의 하이라이트, 아폴론 신전이다. 지금은 키가 다른 여섯 개의 커다란 기둥만 남았지만, 원래는 가로 60m, 세로 23m 규모의 38개 기둥이 있는 거대한 신전이었다. 깎아지른 거대한 돌산 절벽 아래 이렇게 커다란 신전이 완만한 지형 위에 자리하고 있다는 게 놀랍다. 신전 주변에는 기원전의 고대 경기장과 원형 극장의 흔적이 그대로 남아 있다. 마치 아폴론이 하루아침에 마술을 부려 이 도시의 형태를 만들어줬을 것만 같다.

인간 세계와 동떨어진 첩첩산중의 델포이

델포이에 다른 신도 아닌 아폴론의 신전이 있는 이유는 이 지역에서 가장 추앙받는 신이 아폴론이기 때문이다. 제우스가 델포이를 세상의 중심으로 선포하고 아들인 아폴론을 이곳에 머물게 했다. 아폴론은 그리스 신화 속 태양의 신으로 음악, 시, 의술 등 다방면으로 재능이 뛰어났을 뿐 아니라 예언 능력이 매우 탁월했다. 그래서였을까. 아폴론의 유명세 덕에 최고의 권위를 가진 신탁으로 알려졌다. 아폴론은 신이었기에 신과 인간 사이를 이어주는 무녀인 피티아(Pythia)를 통해 예언과 신탁을 인간들에게 내렸다. 이를 신전을 지키는 신관들이 받아 의뢰인들에게 전달했다. 영화 〈300〉에서 스파르타의 레오니다스 왕이 페르시아와의 전쟁 전에 델포이로 찾아와 신탁을 받는 장면이 이를 잘 묘사한다.

　그렇다면 과연 그리스 세계에서 최고의 권위를 가진 델포이 신탁은 정말 그렇게도 신통했을까. 당시 신탁을 받기 위해 그리

상당한 규모의 델포이 아폴론 신전 터

스의 폴리스뿐 아니라 주변국들에서도 대부분 이곳으로 몰려왔다. 그러다 보니 자연스레 델포이는 종교·문화적 중심지이자 국가의 중대사를 논하는 국제 정보의 장이 되었다. 신탁을 전하는 신관들은 이곳에서 나오는 각종 정보를 수집해 이를 바탕으로 그들의 정치적 판단력과 지혜를 반영한 신탁을 내놓았을 것이다. 그러니 적중률이 높을 수밖에.

그런데 신탁 내용이 대부분 모호한 운문 형식의 시적 표현이 많아서 코에 걸면 코걸이, 귀에 걸면 귀걸이 식으로 다양한 해석이 가능했다. 이 또한 적중률을 높이는 요소였을 것이다.

과거 페르시아와의 전쟁을 앞두고 신탁을 받은 스파르타, 리디아 등의 몇몇 도시국가들이 모호한 표현의 신탁 내용을 자신들에게 유리하게 해석해 전쟁에서 참패한 것은 대표적 사례다.

무엇보다 신탁이 정확하다고 믿었던 결정적인 이유는 고대인들은 설령 신탁이 맞지 않았다고 하여 신을 절대 탓하지 않았다. 오히려 정확하게 꿰뚫어 통찰하지 못한 자기 자신의 교만과 무지 때문이라 생각했다. 그래서 델포이 신탁의 권위가 오랫동안 유지되었을 것이다.

델포이를 다녀와서 나는 사주나 타로, 신점에 더는 관심을 두지 않았다. 한때 세계에서 가장 신통했다는 신점 집의 신탁마저도 결국엔 그것을 어떻게 해석하고 실천하느냐는 오롯이 인간의 몫이었다는 것, 결국 나에게 달렸다는 걸 알게 되었기 때문이다.

나는 신탁을 보러 갔다가 이곳에서 정작 다른 가르침을 받았다. 지금은 유실되었지만, 과거 델포이 신전 기둥에는 현자들의 격언이 곳곳에 새겨져 있었다고 한다. 방문자들에게 도덕적이고 윤리적인 지침과 철학적 통찰을 제공하는 역할을 했다.

'아무것도 지나치지 말라(Meden agan)', '마음을 다스려라(Thymou kratei)' 등의 140여 개 문구가 있었다는데, 그중에서 가장 대표적인 문구가 놀랍게도 소크라테스가 한 말로 알려진 '너 자신을 알라(Gnothi seauton)'다. 소크라테스가 이곳에 왔는지 오지 않았는지는 알 수 없다. 하지만 그의 철학과 삶에 지대한 영향을 준 문구였던 건 틀림없다. '너 자신을 알라'는 격언이 신전에 새겨진 이유는 뭘까. 아마도 신을 찾아와 자신의 운명을 묻는 어리석은 사람들에게 자기 자신부터 돌아보라는 가르침을 주고자 했던 건 아닐까. 그렇다면 이것이야말로 델포이 신전의 최고 신탁 아닌가.

"세상을 움직이려면 먼저 나 자신을 움직여야 한다."

소크라테스의 가르침으로 '너 자신을 알라'와 상통한다. 급변하는 현대 사회를 살아가는 우리에게 가장 절실히 요구되는 덕목은 자기성찰과 자기객관화다.

최근 자신의 사고를 판단하는 능력, 즉 메타 인지를 높여야 한다는 얘기를 많이들 한다. 자신을 객관적으로 바라보고 성찰하는 일은 말처럼 쉽지 않다. 끊임없는 노력과 훈련 없이는 얻을 수 없는 귀한 능력이다.

인지 부조화 현상을 연구한 사회심리학자 레온 페스팅어의 통찰대로 "인간은 합리적인 존재가 아니라 합리화하는 존재"에 가깝다. 사람은 본능적으로 자신이 믿고 싶은 대로 받아들이는 편향적인 존재라는 것이다. 자기 자신을 스스로 합리화하며 핑계를 찾기보다 무엇이 더 객관적으로 옳은가를 고민하는 노력이 필요한 이유다.

고대 그리스인들은 초월적 신의 뜻에 자신의 운명을 맡기며 살아가는 운명론적 사고에 갇혀 있었다. 소크라테스가 외친 자기성찰의 가르침은, 신의 뜻에 의존하기보다 자신의 내면을 깊이 들여다보라는 메시지였다. 그때 요구되는 메타 인지는 현대를 살아가는 우리에게도 절실하다. 초월적 존재에 의존하며 내 삶을 합리화하기보다는, 나 자신을 더 깊이 이해하고, 스스로 변화시키는 힘을 기르는 것. 그것이야말로 아폴론의 신탁을 뛰어넘어, 더 희망적인 운명을 스스로 만들어내는 길이 아닐까.

인생
마라톤의
페이스메이커

✈ 포르투갈 코임브라

"한국 사람인가요?"

"네? 아… 네."

"기차 안에서 봤는데, 여기서 또 만나네요! 반가워요!"

중년의 한 여성이 호텔에서 체크인하는 내게 다가와 환한 얼굴로 말을 걸었다. 엄마 나이쯤 될까? 아니 이모 정도? 그도 혼자 이곳을 찾은 모양이다. 타지에서 만나는 한국 사람이 반가운 건 사실이지만, 무뚝뚝한 단답형 말만 건네진다. 여행에 지친 나는 반가운 기색을 내비치는 것마저도 힘들었을까. 그는 내심 서운했을지도 모르겠다.

"기차에서 내리려고 문 앞에 서 있는 거 봤어요. 몸집보다 더 큰 배낭을 멘 모습이 눈에 띄던걸요."

그의 눈에는 딸 같은 내가 용감하게 배낭여행을 하는 모습이 대견해보였을까.

"아, 아닙니다. 선생님께서도 혼자 오셨어요?"

"네!"

그의 밝은 대답 속엔 여행을 향한 설렘과 자유로움이 가득했다.

여행하다 보면 홀로 떠나온 20~30대 한국 젊은 여성을 종종 만난다. 하지만 이렇게 중년의 여행자를 만나긴 처음이다. 어떤 사연이 있을까 문득 궁금해졌지만, 피곤함에 지쳐 어서 룸으로 들어가 눕고 싶다는 생각뿐이었다.

"혹시 저녁 일정 있나요?"

그가 조심스레 물었다. 계획이 없을 리 없었다. 그 시기의 나는 나 자신을 혹사하려고 작정한 듯 강행군을 이어가느라 하루

포르투갈 최초의 대학, 코임브라 대학교

를 분 단위로 쪼개어 움직였다.

"네. 파두 공연 보러 가려고요."

"아 그래요? 같이 갈까요?"

"저는 한국에서부터 예약하고 와서요. 아마 자리가 없을 수도 있어요."

"그렇군요. 그럼 즐거운 여행이 되셨으면 좋겠어요. 또 만나요."

동행을 썩 내켜 하지 않아 하는 심사를 눈치챈 모양이다. 그렇게 그와 헤어지고 숙소로 돌아와 곧바로 침대 위로 몸을 던지듯 누워버렸다.

원래 낯가림이 심한 편이다. 하지만 컨설팅이 주된 업무인 직업 특성상 수년간 다양한 사람들을 상대해야 했고, 어느새 사회화된 'E(외향형)'로 살아가고 있다. 그러다보니 일상에서는 아무도 내가 이런 성격의 소유자인지 모른다. 심지어 나조차도. 이렇게 혼자 여행을 떠나와서야 본래의 진짜 내 모습을 만나게 된다. 아니 내가 모르던 성격까지 알게 된다. 사회생활을 하면서 상황에 따라 수많은 가면을 수시로 바꿔 쓰며 사는 것 같다. 어느 순간, 그 가면이 내 본모습인지조차 헷갈릴 때가 있다. 가면이 많아질수록 삶은 점점 더 무거워진다. 내 안의 진짜 모습을 잃어가는 것처럼.

저녁 파두 공연까지 시간이 남아 있어 천천히 도시를 둘러보기로 했다. 이곳은 바로 포르투갈 중북부의 소도시, 코임브라다. 포르투와 리스본 중간인 이곳은 1260년 수도가 리스본으로 옮겨지기 전까지 100년간 포르투갈의 수도였다. 무엇보다 포르투갈 최초이자 가장 오래된 코임브라 대학이 있는 곳으로도 유명하다. 도시 전체가 하나의 캠퍼스처럼 펼쳐져 있어 '대학도시'로 불린다.

여행할 때마다 나는 그 지역의 대표적인 대학교나 도서관을 찾는다. 교육은 인류에게 가장 중요한 정신적 가치이자 자산이

코임브라 신성당

며 경쟁력이었다. 그러므로 그 나라와 도시를 이해하는 데 중요한 단서가 된다. 특히나 오랜 전통을 간직한 코임브라 대학은 여느 대학에서는 느낄 수 없는 깊이와 웅장함이 있다. 코임브라 대학은 교복으로도 독특한 관심을 받는데, 그 교복이 검은 망토다. 《해리 포터》 시리즈의 작가 조앤 K. 롤링은 이 교복에서 영감을 받아 호그와트 교복을 탄생시켰다고 한다.

코임브라 파두

교복의 전통은 포르투갈을 대표하는 음악인 파두(Fado) 공연장에서도 이어진다. 파두는 포르투갈의 국민 음악이자 전통 민요로 2대의 기타 연주에 맞춰 솔로 가수(파디스타)가 노래하는 형식이다. 애절한 기타 멜로디에 서민들의 고단한 삶을 담은 가사로 세계인의 사랑을 받고 있다. 포르투갈에서 파두를 감상하기 가장 좋은 도시를 꼽는다면 단연 리스본과 코임브라다. 파두가 시작된 리스본은 서민의 애환과 한을 담아 여성 가수가 노래한다. 반면에

코임브라 파두는 남학생이 검은 망토를 두르고 등장해 사랑을 노래하는 세레나데 형식이다. 난생처음 접한 파두 공연을 나는 바로 이곳, 코임브라에서 먼저 만난 셈이다.

소극장 맨 앞줄에 앉아 기타 선율이 공간을 가득 채우는 순간을 온몸으로 느꼈다. 가수의 작은 숨소리까지 생생하게 전해지는 라이브 공연은 낯선 음악임에도 불구하고 깊이 스며들었다. 다음 여행지였던 리스본의 파두 공연과 비교해볼 수 있는 흥미로운 경험이기도 했다.

옛 수도여서 그랬을까. 코임브라는 여기저기 품은 이야기가 많은 도시다. 찬찬히 거닐어본 이 도시는 학문과 예술의 도시답게 뭔가 차분하면서도 낭만적인 분위기를 안긴다. 편안하고 때묻지 않은 이곳만의 세월이 고스란한 느낌은 아직도 기억에 생생하다.

코임브라를 떠나는 날 아침, 든든히 챙겨먹고 나가려고 호텔 레스토랑으로 내려왔다. 어제 만났던 그 중년 부인을 다시 마주쳤다. 처음 만났을 때 무심히 대했던 게 내내 맘에 걸렸던 터라 이번엔 먼저 반갑게 다가갔다. 여전히 온화한 미소를 보여주는 그는 자리를 내어주었다.

"선생님, 어제는 좋은 시간 보내셨어요? 저는 아침 먹고 리스

본으로 가요."

"아, 그래요? 저는 하루 더 있으려고요."

"실례가 되지 않는다면, 어떻게 이곳을 여행하게 되셨는지 여쭤봐도 될까요?"

"이제 아이들도 다 컸고, 마침 학교 방학이기도 해서요. 오랫동안 궁금했던 곳들을 천천히, 내 발걸음대로 여행해 보고 싶었어요."

그는 대학교수였다. 전공은 기억이 나지 않지만, 코임브라를 여행지로 선택했다면 아마도 문화 예술이나 교육 분야가 아닐까 짐작한다.

"교수님이야말로 정말 대단하세요. 유럽 여행이 몸도 마음도 지치기 쉬운데, 힘드시진 않으세요?"

"힘들긴요. 제가 원해서 왔고, 하고 싶은 만큼 자유롭게 즐기고 있는데 힘들 게 뭐가 있겠어요?"

"그러고 보니, 교수님은 정말 편안해보이세요. 저는 너무 욕심이 많은 건지, 이것저것 다 보고 싶어서 쫓기듯 여행하는 것 같아요."

그는 나를 바라보며 따뜻한 목소리로 말했다.

"괜찮아요. 힘들더라도 욕심껏 많이 보고, 많이 느껴보세요. 그 경험들이 언젠가 인생에 큰 힘이 될 거예요. 쉽지 않은 여정

일 테지만, 용기 있게 부딪혀 보세요. 뭐든, 잘 해내실 거예요."

힘이 났다. 나보다 몇십 년을 더 살아온 인생 선배가 건넨, 가식 없는 진심 어린 말이었다. 여유 있게 편하게 여행하라는 뻔하고도 흔한 답이 아니어서 더 가슴에 닿았다.

남들은 간혹 팔자 좋게 여행이나 다닌다고 비아냥거린다. 나에게 여행은 단순한 관광이나 쉼이 아니다. 인생의 의미를 찾기 위한 투쟁 같은 여정이다. 사서 고생한다고 생각할 만큼 배고프고 피곤하고 지칠 때가 한두 번이 아니다. '내가 도대체 여기서 뭘 하고 있나' 싶을 정도로 후회도 많았다. 그러나 이 모든 경험이 인생을 헤쳐나갈 든든한 자산이 될 터였다.

그는 누군가 잠시나마 내게 보낸 수호천사인 양, 여행의 이유

산타크루즈 수도원

를 잃어가기 시작했을 때 다시 한 번 힘을 내게 해준 소중한 인연이었다.

그가 내게 알려준 여행의 의미. 어쩌면 난 이미 잘 알고 있다. 그것을 알기에 이렇게 사서 고생하는지도 모른다.

나는 국내외 기업들의 위기관리 전략컨설팅을 주업으로 하고 있다. 20여 년 동안, 급작스럽게 터지는 고객사들의 불리한 이슈에 대응해야 하는 극적인 상황을 수도 없이 마주했다. 그럴 때마다 여행에서 훈련되고 익힌 위험 감지 능력과 대처 능력, 신속한 의사 결정력 그리고 어떤 상황에서도 침착함을 잃지 않는 강인한 정신력이 본능적이고 자연스레 발휘되었다.

타지에서 혼자 문제를 해결해나가야 했던 수많은 경험은 내 일과 일상 속에서도 뚝심과 맷집을 키워주었다. 코임브라에서 만난 그가 '여행의 경험이 인생에 언젠가 어느 형태로든 반드시 도움이 될 거'라던 그 순간들을 난 이미 겪어왔다. 그렇게 여행은 어리고 미숙한 나를 어른으로 성장시키며 늘 곁에서 지켜주었다.

여행. 그것은 내 인생 마라톤의 페이스메이커였다.

어제와 오늘이
같다면
미래도
그렇다

✈ 그리스 수니온곶

아부다비에서 5시간을 날아 아테네로 넘어왔다.

한국에서 그리스로 가는 직항이 많지 않아 중간 기착지를 경유했다. 긴 비행 끝에 드디어 꿈에서나 그리던 그리스에 왔다. 오기 몇 달 전부터 뛰는 가슴을 진정하기 힘들 만큼 기대감에 들떠 있었다.

하지만 여유가 없었다. 여행하면서 번번이 죽도록 후회하지만, 이번에도 허투루 보낼 단 1초의 빈틈도 없을 만큼 촘촘한 일정을 잡아놓은 것이다. 아테네에 이른 오후에 도착한 시점에서 반나절 여행이 가능한 곳. 그리스 본토의 최남단 마을, 석양이 아름답기로 유명한 수니온곶이다.

어디가 어딘지도 모른 채 아테네에 도착하자마자 곧바로 근교 여행을 첫 일정으로 잡다니, 지금 생각해도 용감하다. 한국에서 미리 체크한 버스 정류장 위치를 더듬거리며 찾아갔다. 물어물어 탄 버스가 출발하고서야 차분하게 정신을 차리고 창밖을 바라본다. 크고 작은 신전들이 불쑥불쑥 튀어나와 번갈아 인사를 건넨다. 일상의 지루함은 단 하루 만에 감쪽같이 사라졌다. 그렇다. 나는 신들의 나라에 왔다.

버스는 아테네 시가지를 벗어나 70km 해변도로를 내달린다. 수니온 곶까지 이어지는 '아폴로 코스트'로 불리는 이 멋진 해안선의 풍광은 초입부터 압도적이다. 두어 시간쯤 달렸을까. 저 멀리 수니온곶의 상징, 포세이돈 신전이 보인다.

그리스 최남단 수니온곶의 포세이돈 신전

기원전 6세기경, 이곳 사람들은 바닷바람과 파도가 잔잔해지길 기원하며 바다의 신 포세이돈 신전을 세웠다. 바다에서 볼 때 처음이고 육지에서 볼 때는 마지막인 이유에서였다. 점점 눈앞으로 가까워질수록 수천 년을 지켜온 포세이돈 신전의 웅장한 모습은 아름답다 못해 비현실적이다. 버스에서 내리자마자 언덕을 빠르게 오른다.

땅이 끝나고 바다가 시작되는 곳에 세워진 포세이돈 신전. 35개 기둥 중에 반 이상을 잃었지만, 여전히 위풍당당하다.

수니온곶과 에게해의 사연은 특별하다. 그리스를 둘러싼 에게해 어원이 바로 이곳에서 시작됐기 때문이다. 아테네의 왕 아이

푸른 물감을 풀어놓은 듯한 에게해의 수리온곶

게우스에게 아들 테세우스가 있었다. 어느 날 테세우스는 아테네 사람들을 잡아먹는 크레타의 괴물을 해치우기 위해 떠난다. 그는 "괴물을 죽이고 돌아올 때 흰 돛을 달겠다"는 다짐을 남겼다. 괴물을 물리친 테세우스는 승리의 기쁨에 도취해 실수로 검은 돛을 단 채 돌아온다. 멀리서 이를 본 왕은 아들을 잃었다는 슬픔에 수니온곶 절벽 아래로 몸을 던지고 만다. 그래서 수니온곶 앞바다에 붙여진 이름이 '아이게우스의 바다', 즉 에게해가 되었다고 한다.

때마침 바다 한가운데 새하얀 돛을 단 자그마한 배가 지나간다. 아이게우스가 하염없이 기다린 배가 저 배였으면 얼마나 좋았을까. 자식의 죽음에 숨 막히는 고통으로 몸을 던져 슬픈 파도로 일렁였을 그날과는 다르게 이날 바다는 잠자듯 잔잔했다.

또각또각, 딱딱, 따닥….

애잔한 감정에 취해 에게해를 바라보는데, 조금 전부터 또각거리는 소리가 귓가에 나지막이 맴돈다. 소리를 쫓아가 보니 팔뚝만 한 거북이가 신전을 향해 발에 땀이 나도록 열심히 걷고 있는 게 아닌가. 층층이 쌓인 신전 계단을 오르려 애쓰는데, 맘처럼 쉽지가 않다. 짧은 다리와 유연하지 못한 딱딱한 등껍질로는 어림도 없다. 수없이 반복하다 결국 평지 길을 선택해 돌고 돌아 낮은 계단을 찾아 신전 가까이 올라선다. 거북이의 움직임을 한참 바라본다. 신전을 지키는 문지기인지, 신전을 탐험하러 온 모험가인지 예상치 못한 거북이의 등장은 깊은 생각에 잠기게 했다.

한 걸음도 멈추지 않고 망설임 없이 제 갈 길을 부지런히 걸어가는 모습은 이솝우화 〈토끼와 거북이〉를 떠오르게 한다. 불가능할 거라는 막연한 두려움에 매번 제대로 해보지도 않고 포기한 적은 없는지, 조금만 힘들어도 도망가고 싶었던 적은 없었는지 나 자신을 천천히 되돌아본다.

결정되지도 않은 승패를 예단하며, 미리 포기하고 살아온 건 아닌지. 아무것도 나아지는 것 없이 반복되는 포기 속에 변명만 찾고 있었을지도 모른다. 안 되는 이유를 찾기보다 해내야 하는 이유를 먼저 찾아냈어야 했다.

지금은 긍정의 마음가짐이 필요한 때다. 목표를 향한 노력에는 뭔가 특별하고 대단한 방법이 있는 게 아닐지도 모른다. 매번 조금이라도 나아지려고 애쓰는 것에서부터 시작되는 것이 아닐까. 만약 어제와 오늘이 똑같다면, 내일도 달라지지 않을 것이다.

일몰이 되자 붉게 빛나는 포세이돈 신전은 에게해의 더욱 거

세진 바닷바람을 온몸으로 맞으며 그대로 묵묵하다. 석양의 마지막 빛이 신전에 부딪히자 잘게 부서지고, 그 빛은 후광으로 퍼져나간다. 어딘가에서 이 광경을 함께 보고 있을 그 거북이를 다시 한 번 떠올려본다. 포기하지 않은 거북이만이 누릴 눈부신 석양일 것이다.

문득 고대 그리스인들은 신과 인간 그리고 자연의 조화를 완벽하게 계산해 신전을 이토록 아름답게 건축한 것은 아닐까, 싶다. 바다를 지키는 신 포세이돈, 깨달음을 얻은 인간, 신전을 빛내는 태양과 자연을 대변하는 거북이…. 이런 조화가 세상을 아름답게 한다.

해가 지기 시작한 수니온 곶

무엇을
위해
살고 있는가

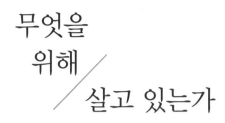

✈ 스페인 말라가

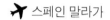

"나는 안달루시아의 작은 물 잔에서 태어났다."

파블로 피카소가 자신의 고향에 대해 한 말이다. 피카소는 누구나 아는 유명한 화가지만, 나는 우연한 계기로 그에게 특별한 관심을 두게 되었다.

오래전 스페인 바르셀로나로 여행을 떠났다. 나는 이곳의 피카소 미술관 방문 계획을 짜다 피카소가 스페인 사람이라는 것도, 역사상 가장 많은 3만여 점의 작품을 남겨 기네스북에 등재된 화가라는 사실도 처음 알았다. 그때껏 피카소라는 이름 석 자와 화풍 정도만 겨우 아는 문외한이었다.

반전은 피카소 미술관에서 일어났다. 이곳에서 만난 그의 소년기, 청년기의 초기 작품들을 보고는 너무 놀라 소름이 돋았다. 입체파의 창시자 정도로만 이해하던 나의 편견이 여지없이 무너졌다. 너무도 추상적이고 자유분방해 이해하기조차 쉽지 않은 그의 화풍이 아니었다. 전시 작품들은 전혀 새로운 감상을 선사했다. 정말 피카소가 그린 게 맞는지 몇 번이나 확인할 정도였다. 채색화부터 데생, 판화, 도자기에 이르기까지 거의 모든 장르를 망라한 완벽한 작품들을 보면서 놀란 입을 다물지 못했다. 이런 작품들을 유년 시절에 완성했다니!

그의 천재성은 어쩌면 태어나면서부터 이미 결정된 게 아닐까. 그는 20세기를 대표하는 진정한 현대미술의 거장임이 틀림없다.

스페인 말라가에서 태어난 피카소는 죽을 때까지 고향을 그리

피카소의 고향 안달루시아 말라가의 말라게타 해변

워했다. 수구초심. 나는 언젠가 말라가에 꼭 한 번 가보리라 다짐했다. 과연 어떤 곳이기에 이런 우주적인 천재를 인류에게 보냈을까, 궁금해졌다.

그로부터 몇 년 후 나는 말라가에 와 있다. 그사이 특별한 성취는 이루진 못했지만, 여행 가는 도시에 피카소 미술관이 있으면 빼놓지 않고 들렀다.

피카소 미술관, 생가 및 동상

말라가는 2800년의 역사를 지닌, 세계에서 가장 오래된 도시 중 하나다. 도시 곳곳에 페니키아, 로마, 이슬람 시대의 유적들로 가득해 고전적이면서도 현대적인 느낌을 준다. 지중해를 끼고 있어 일 년 내내 맑고 기온이 온화해 겨울에도 여행하기 좋은 곳이다. 특히 아름다운 해변과 울창한 야자수가 거리를 가득 메운 이국적인 풍경 덕에 유럽인에게 최고의 여름 휴가지로 사랑받고 있다.

말라가에 도착하자마자 그의 유년 시절을 쫓았다. 1881년에 태어나 바르셀로나로 떠나기 전 13세까지 살았던 피카소 생가 박물관을 찾았다. 피카소의 유년 시절을 가늠해볼 소품과 사진, 자료 등이 전시되어 있다. 시공을 초월해 그를 직접 만난 느낌이다. 어린 시절 피카소의 추억이 서린 박물관 앞 광장에는 친숙한 모습으로 벤치에 앉은 피카소 동상이 있다.

말라가라면 당연히 빼놓을 수 없는 피카소 미술관으로 가보기로 했다. 유대인 거주지의 궁전을 개조해 이슬람 스타일로 만든 이곳은 여느 도시의 미술관보다 아름다운 건축미와 작품들이 도드라져 보인다. 피카소의 가족들이 기증한 그의 그림과 드로잉, 판화와 조각 작품 등 미공개 작품 233여 점을 전시하고 있어 피카소 고향의 미술관다운 면모를 보였다.

말라가를 베이스캠프로 하고 주변의 도시들 네르하, 미하스, 프리힐리아나까지 모두 둘러보고 난 후 마지막 날. 말라게타 해변에서 잠시 여유를 가져본다. 며칠째 쉼 없이 걸어서 그런지 딱딱한 돌 벤치도 소파마냥 편안하게 느껴진다. 따사로운 태양을 맞으며 철썩이는 파도와 여유를 즐기는 사람들의 행복한 모습을 한참 바라봤다. 모든 생각과 상념을 내려놓고 그저 멍하니 앉아 있었다.

"자네는 어디서 왔는가?"

소리 나는 쪽을 돌아보니 피카소를 빼닮은 할아버지가 호기심 어린 눈빛으로 내 대답을 기다린다. 누가 봐도 해변을 홀로 떠도는 동양인이 눈에 띄었을 것이다.

"한국에서 왔어요."

"한국?"

그는 두 팔을 번쩍 들며 말한다.

"한국 사람이 말라가에 있다니, 정말 놀랍구나!"

당시에는 말라가 여행이 국내에 잘 알려지지 않았을 때라 한국인을 실제로 처음 만난 그에게는 놀라운 일이긴 했을 터다. 무엇보다 나도 내가 여기에 와 있는 게 신기한데 스페인 할아버지라고 오죽했을까. 거침없이 빡빡했던 여정을 마무리한 후라서 그런지 내가 피카소를 쫓아 여기까지 와 있다는 것을 잠시 잊고 있었지 싶다.

순간 웃음이 났다. 한참을 여행하다가 이렇게 잠시 멈추어 여유를 가질 때면 자문하곤 한다. '나는 무엇을 얻기 위해 여기에 왔는가? 이번 여행은 내게 어떤 의미인가?' 일정에 쫓기고 정신없이 다니다 보면, 물음만 던져놓고 딱히 답할 말이 떠오르지 않을 때도 있지만, 질문 자체만으로 충분히 의미가 있다.

"화가의 질은 그가 지닌 과거의 양에 달려 있다."

피카소가 한 말이지만, 이게 어디 화가한테만 해당하는 격언이겠는가.

여행은 경험을 사는 일이다. 그리고 인생을 바꿀 수도 있다. 여행은 인생의 축소판과 같아 다양한 삶을 간접적으로 살아보게 하는 경험이 된다. 그 과정에서 세상을 바라보는 또 다른 눈을 얻는 것. 그것은 결국 인생을 더 풍요롭게 만들어주는 값진 선물이다.

오늘도 나는 방랑을 통한 인생 경험의 축적을 위해 떠날 계획을 세운다. '나는 또 어디로 갈까?' 그 물음은 나의 또 다른 여정의 시작이자, 인생의 또 다른 페이지를 펼칠 출발점이 된다. 경험은 곧 인생의 자산이고, 그 자산이 나를 빛내리라 믿는다.

신념을 지켜
사는 것이
나를
지키는 길

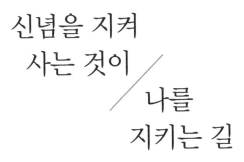

✈ 그리스 산토리니

누구나 죽기 전에 한 번은 가보기를 꿈꿀 만한 곳, 세상에 다시 없는 아름다움을 자아내는 환상의 섬. 형용 불가의 푸르른 이상향, 산토리니다.

그리스 국기를 빼닮아 하양과 파랑의 강렬한 대비가 멋진 조화를 이루는 섬, 산토리니는 세계 모든 여행자의 로망이다.

미코노스에서 페리를 타고 산토리니로 향한다. 저 멀리 거대한 섬이 보이기 시작한다. 배 위로 단숨에 올라가 뛰는 가슴을 진정시키며 오랜 시간 기다려온 만남을 준비했다.

가까워지면서 먼저 깎아지른 절벽이 시선을 사로잡는다. 함박눈이 내려앉은 듯 새하얀 마을들이 옹기종기 들어차 있다. 청명한 하늘 아래 푸른 지붕을 머리에 얹은 교회들과 하얀 집들은 하나같이 에메랄드빛 바다를 바라보고 서 있다.

드디어 항구에 도착한다. 두 발을 들여놓는 순간, 온몸에 짜릿함을 느낀다. 꿈에서나 상상하던 산토리니를 현실에서 만난 것이다. 고백하자면, 아주 어렸을 적부터 신혼여행지는 산토리니로 찜해두었다. 그래서였을까. 내 생애 최고의 이벤트로 오기 위해 최대한 늦추고 미뤄온 산토리니. 40대에 들어서면서 '이번 생에 허니문은 기대할 수 없겠다'는 확신이 드는 순간 바로 이곳으로 달려왔다.

아…! 아…!

인간 의지로 빚은 아름다움의 끝, 산토리니

탄성만 연신 터질 뿐 한마디 말도 생각나지 않는다. 산토리니가 산토리니하고 있다. 그 밖에 모든 수식어는 입 밖으로 나오는 순간 진부해지고 만다. 난생처음 보는 풍광을 눈에 담느라 바빠 카메라 셔터 누를 새도 없다.

산토리니는 피라, 피로스테파니, 이메로비글리, 이아 마을이 절벽 위 해안선을 따라 순서대로 이어진다. 산토리니 마을 여행은 굳이 목적지를 정하지 않아도 된다. 새하얀 마을과 파란 돔을 따라 걷고 또 걸어보는 것, 그것이 산토리니 여행의 묘미다. 미로처럼 얽힌 골목을 헤매며 마법 같은 풍경에 빠져든다. 머물고 싶은 충동을 억누르며 빠른 걸음으로 섬을 돌아보지만, 그 순간만큼은 그림 같은 풍경 속 일부가 되어 오롯이 현실에 존재

흰빛과 푸른빛이 조화를 이룬 언덕마을, 산토리니

하고 싶었다.

기원전 1600년경, 지중해 연안에서 거대한 화산 폭발이 일어났다. 산토리니는 화산재로 빚어진, 자연이 만들어낸 화산 섬이다. 비가 잘 오지 않는 건조한 기후 탓에 목재를 구하기 힘든 환경 속에서 주민들은 화산재를 파고 들어가 동굴 집을 짓고 살았다.

이후 지형 조건과 기후에 적응하며 자연과 조화를 이루는 특유의 건축 양식으로 오늘날에 이르렀다. 절벽의 하얀 집들은 척박한 땅에서 살아남으려는 이곳 사람들의 눈물겨운 삶 그 자체였다.

산토리니는 자연의 재앙 앞에 쉽게 무너지지도, 섭리를 거스르지도 않은 채 오랜 고통의 시간을 견뎌냈다. 그 끈질긴 생명력은 결국 오늘날 우리가 감탄하는 경이로운 모습을 만들어냈다. 어쩌면 산토리니는 자연에 맞선 것이 아니라, 자연 그 자체가 되었는지도 모른다. 산토리니의 풍광은 자연과 인간이 함께 써 내려간 생존의 서사시다.

놀랍게도 산토리니는 수십 년 전에 찍은 사진이 오늘 찍은 것과 똑같다. 세월이 흘러도 변함이 없다. 이 마을만의 독특한 건축 양식과 경관이 이토록 아름다운 채로 유지된 비결은 뭘까? 시 당국의 철저한 건축 정책과 도시 관리 그리고 주민들의 숨은 노력 덕분이다. 산토리니의 매력은 거저 생겨난 것이 아니었다. 전통과 자연환경과의 조화를 최우선으로 여기는 이들의 오랜 삶의 방식과 가치관이 응축된 결과다. 산토리니 마을의 건축물은 색채, 창문의 크기, 건물의 높이, 골목길의 바닥재, 계단의 형태, 마감재에 이르기까지 세부적인 규제를 따른다.

이곳에 서면 모든 생각이 사라진다

세례 요한 주교좌성당

심지어 에어컨 실외기를 어디에 어떻게 숨길지도 정해져 있으며, 글로벌 프랜차이즈나 대형 호텔 체인의 진입도 허용되지 않는다. 이러한 노력으로 산토리니가 산토리니답게 보존될 수 있었다. 하지만 이러한 규정은 어디까지나 '권장' 일 뿐, 강제 규정은 아니다. 누군가 자기 몫 이상의 욕심을 부려 권장사항을 저버렸다면 산토리니의 아름다움은 진작에 망가졌을 것이다. 다행히 아무도 그러지 않았다. 주민 모두가 어찌 이런 산토리니를 사랑하지 않을 수 있단 말인가. 사랑한다면 아껴주는 게 당연하다. 세상에는 사랑이라는 이름으로 망가뜨리고 착취하는 일이 얼마나 많은가. 진짜 사랑이 뭔지 알고 싶거든 이곳 산토리니에 와서 보라.

산토리니는 자연이 선물한 천상의 화원이 아니다. 주민들이 자연을 존중하고, 전통을 소중히 여기며, 공동체의 힘으로 이뤄낸 인간의 의지와 노력의 산물이다. 신의 공간처럼 느껴지는 이 섬이 이제는 사람들의 삶이 담긴 구체적이고 현실적인 도시로 더욱 친근하게 다가온다. 산토리니는 로망 속의 환상이 아니라, 모두가 함께 만들어낸 지속 가능한 삶이다.

산토리니 주민들의 삶을 통해 개인의 욕망을 절제하며 서로를 배려하며 함께 살아가는 모습에서 큰 가르침을 얻는다. 신념을 지키며 산다는 것. 정의롭게 산다는 것. 누군가에게는 융통성 없어 보일지도 모른다. 하지만 자신만의 정체성을 갖고 살아간다는 것은 자신을 지키는 가장 강력한 무기가 아닐까.

나 자신의 존재 이유를 알고, 올바른 신념을 가지며, 내가 누구인지, 무엇을 위해 살아야 하는지를 파악하는 것이 먼저다. 그것은 결국 나 자신을 가장 빛나게 하는 방법이자, 어우러져 함께 살아가는 우리 모두를 위한 더 나은 삶으로 가는 지혜일 것이다.

여행지에서 시간은 늘 야속하다. 왔는가 싶으면 어느새 떠나
야 할 시간이 눈앞이다. 시골 기차역처럼 아담한 산토리니 공항
대기실에 앉아 아테네로 돌아가는 비행기를 기다린다. 꿈속에
서 현실 세계로 돌아가기 위한 타임머신의 탑승 순서를 대기하
는 기분이다. 이게 다 산토리니 때문이다.

창문 너머에는 여행자들의 설렘을 가득 실은 비행기가 시원한
활주로 위에 가볍게 내려앉는다. 도착한 비행기에서 하나둘 내
리는 여행자들을 보자니 그들이 부러워졌다. 참, 이놈의 욕심은
끝이 없다.

아름다운 계절, 가을이 시작되는 길목에서 산토리니를 만나고
간다. 6,000개가 넘는 섬들로 둘러싸인 그리스는 유럽에서 가
장 많은 섬을 가진 나라다. 그중에서도 산토리니는 가장 찬란한
보석이다.

인생의 쉼표가 필요할 때, 잠시 삶의 속도를 늦춰야 할 때, 한
번은 꼭 찾아야 할 안식처가 이곳 산토리니가 아닐까. 영원한
힐링의 아리아가 울리는 산토리니의 계절이, 그리스의 섬들과
함께 깊어지길.

미치도록
간절히
살아보았는가

✈ 독일 뷔르츠부르크

'아… 모든 것이 끝났다!'

나지막이 속삭이며 깊은 안도의 한숨을 내쉬었다. 드디어 나 홀로 떠난 33일간의 긴 여정을 마친 후였다. 8개국 45개 도시를 쉼 없이 달려왔다. 마지막 도시, 독일 뷔르츠부르크의 마리엔베르크 전망대에서 이 기나긴 여정의 막을 내리는 순간 가장 먼저 떠오르는 건 어처구니없게도 김치찌개와 삼겹살 그리고 김밥. 여행을 마치는 거창한 소회나 성취감은 갑작스레 터져나온 식욕에 걸려 넘어진다. 역시 몸은 정직하다.

이제 다 끝났다는 안도감에 허기가 지고 다리에 힘이 풀려 전망대 기둥에 몸을 기댄다. 허공을 떠돌던 상상 속 음식들은 불어오는 향긋한 바람에 모두 날아가버린다. 유난히 맑고 푸른 하늘과 몽실몽실한 구름이 어느새 눈 안을 가득 채운다. 마지막까지 아름답게 빛나는 오늘이 눈물 나게 고맙다. 다시 정신을 챙긴다. 카메라의 초점이 맞춰지듯 눈앞에서 뷔르츠부르크의 풍경이 선명해진다.

마지막 도시를 뷔르츠부르크로 선택한 것은 참 잘한 일이었다. 고풍스럽고 평화로운 이곳에서 분주했던 여정을 조용히 마무리하고 싶었기 때문이다. 마인강을 끼고 있는 뷔르츠부르크는 중세의 낭만과 멋을 느낄 수 있는 로맨틱 가도의 출발점이자 '독일의 프라하'로 불리는 아름다운 곳이다. 헤르만 헤세가 "만약 다시 태어난다면 나는 뷔르츠부르크에서 태어나고 싶다"고

독일 로맨틱 가도가 시작되는 도시, 뷔르츠부르크

할 만하다. 모차르트가 음악 인생을 시작하고 끝낸 곳도 뷔르츠부르크다. 12세에 첫 오페라를 공연한 곳이고, 유작이 된 진혼미사곡(레퀴엠)을 완성한 곳이기도 하다. 시작과 끝을 품은 이곳에서, 나의 여행도 서서히 저물었다.

지친 방랑자의 영혼을 위로하는 듯한 모차르트의 레퀴엠 선율을 느끼며 오랜만에 아름다운 풍경 속으로 풍덩 빠져본다. 천년이 넘는 역사를 간직한 뷔르츠부르크는 시대를 옮겨놓은 듯 고도의 분위기를 물씬 풍긴다. 한 걸음 두 걸음 그저 거리를 걷는 것만으로 충분한 휴식과 안식을 선사한다. 시간만 허락한다면 하루라도 더 오래 머물고 싶었다.

마지막 도시에서의 마지막 일정이다. 성벽에서 내려다보는 뷔르츠부르크의 파노라마 풍경은 한 폭의 그림이다. 하늘의 뭉게구름을 머금은 마인강은 도시의 풍경을 투명하게 비추며 고요하게 흐른다.

강을 끼고 옹기종기 형성된 붉은색 지붕의 도시는 요새의 언덕 아래로 넓게 펼쳐진 푸른 포도밭과 대비되어 더욱 빛난다. 맑은 초록 향내를 담은 바람이 지친 여행자의 복잡한 머릿속까지 시원하게 씻겨준다. 여유로움과 평화로움에 잠긴 나는 한참을 그렇게 뷔르츠부르크의 풍경을 바라보며 깊은 사색에 잠겼다.

참 힘들고도 긴 여정이었다. 흔히 떠올리는 낭만적인 배낭여행과는 거리가 멀다. 나 자신을 극한에 극한으로 몰아붙이기 위해 계획된, 작정하고 떠난 여행이다. 아주 오래전 영화 〈위플래쉬〉를 봤을 때였다. 최악의 폭군이던 플레쳐 교수는 신입생 드러머 앤드류를 한계까지 몰아붙이고 또 몰아붙였다. 앤드류는 손에 피를 흘리는 채로 드럼에 대한 집착과 광기를 뿜으며 드럼 스윙을 미친 듯이 해댄다. 그 장면을 보고 문득 자문했다.

'나는 과연 무언가에 미쳐본 적이 있었던가? 미치도록 간절히 살아 본 적이 있었던가?'

혹독했던 여행을 마친 이 순간, 퉁퉁 붓고 상처투성이인 다리와 시커멓게 탄 팔을 바라보니 영화 속 앤드류의 피 흘리던 손과 겹쳐 보인다. 엉뚱하게도 괜한 뿌듯함이 밀려왔다. 혼자서 여러 대륙을 넘나들며 많은 도시를 만났다. 순간순간을 카메라 앵글에 담으며 걷고 또 걸었다. 매일 이른 아침부터 늦은 밤까지 빈틈없는 일정을 소화하며 추위와 배고픔, 지치고 힘든 순간들을 온몸으로 버텼다. 그런 시간의 기억이 마구 떠올랐다. 이제 '나도 한번은 미친 듯이 살아봤다' 며, 나 자신한테 객기 어린 위로를 건넨다.

고난의 행군을 무사히 마치고 나자 '나는 이제 앞으로 못할 게 없다!' 는 강한 자신감이 생겼다. 일상으로 돌아가면 그 어떤 역경과 힘든 순간이 오더라도 이보다 더 힘들 수는 없을 것 같았다. 뭐든 다 이겨낼 수 있다는 확신, 그리고 한층 더 성장한 새로운 나를 만난 기분이었다.

내가 그렇게 떠나야 했던 이유는 긴 직장 생활에서 오는 원인 모를 회의감과 어느새 찾아온 나의 한계 때문이었다. 세월이 흐르면서 해야 할 일과 할 수 있는 일 사이의 거리가 점점 멀어졌고, 서서히 뒤처지고 있다는 생각이 들기도 했다. 인생의 전환점이 필요했다. 그래서 무작정 여행을 떠나기로 했다.

인생처럼 여행은 우연한 일의 연속이자 예기치 않은 사건으로 가득하다. 때론 그것이 고난으로 느껴지기도 하지만 그만큼 더 배우게도 한다. 이나마 지금의 내가 있는 것도 전적으로 여행 덕이다.

인생에 가장 중요했던 시기, 가능한 한 많은 도시를 걷고 더 많은 사람을 만나보기로 했다. 바깥세상에서 나의 삶을 객관적으로 바라보고, 새로운 세계를 경험하며 내가 살아가야 할 방향을 깊이 고찰해볼 마지막 기회를 스스로 주고 싶었다. 헤르만 헤세는 말했다.

"여행을 떠날 각오가 되어 있는 사람만이 자기를 묶고 있는 속박에서 벗어날 수 있다."

잠시 멈춰 서서 오롯이 나에게만 집중하고 의지해보는 시간, 내면의 나와 충분히 대화하는 시간이 필요했다. 현실을 벗어나 일상의 모든 것을 멈추고, 나라는 사람에 대해 총체적으로 점검해보기 위해 그렇게 나는 떠났다.

대나무가 평생을 하늘을 향해 곧게 자라지만, 성장의 흐름이 잠시 멈추는 순간이 있다. 바로 '마디'를 만들 때다. 대나무는 이때 성장을 일시 멈추고 내부의 밀도를 높이는 고통의 시간을 갖는다. 그렇게 단단한 조직의 마디를 만들고 난 이후에는 그 마디를 발판 삼아 다시 빠르게 성장해나간다. 대나무의 마디는 더 높이 오르기 위한 성장의 발판이며, 몸을 지탱하는 생장점이다. 그래서 비록 대나무 줄기 속이 텅 비어 있어도 견고한 마디가 중심을 잡아주기에 어떤 거센 바람에도 쉽게 쓰러지거나 부러지지 않는다.

결국은 멈춤을 통해 겪는 시련의 시간이야말로 어떤 환경에서도 강인하게 버텨내게 하는 역경의 선물이 되는 셈이다. 대나무의 마디는 우리 인생의 중요한 전환점을 떠올리게 한다. 그래서였을까. 나 역시 새로운 마디를 만들어야 할 시기가 찾아온 것 같았다.

어쩌면, 이 고통의 여정은 그것을 위한 과정이었을지도 모른다. 대나무가 더 크게 자라기 위해 반드시 마디를 만들어야 하듯, 우리도 살아가면서 저마다의 마디를 형성하는 시간이 필요하지 않을까. 그 단단한 마디가, 더 높은 곳을 향해 나아갈 힘이 되어줄 테니까.

인생은 끊임없는 성장의 여정이다. 지금 와서 되돌아보면, 그때 떠나지 않았더라면 나는 변하지 않는 현실에 갇혀 괴로워만 하고 있었을 것이다. 때로는 힘겨운 시련과 상처 속에서 자신을 돌아보는 시간이 있어야만 한 걸음 더 높이 올라설 수 있다. 고통스러운 순간을 이겨낸 나는 이제 예전보다 더 강한 존재가 되어, 현재 제2의 인생을 꿈꾸고 있다.

귀하게 얻은 시간에 여행을 떠난다고 했을 때, 주변 사람들은 '팔자 좋네', '뭣 하러 굳이 그렇게 사서 고생하나' 라며 온갖 영혼 없는 말들을 퍼부었다. 하지만 내가 최선을 다해 노력해온 과정은 오직 나만이 알고 있다. 그리고 앞으로 나의 행동이 그 변화를 보여줄 것이라 확신했다. 헤밍웨이는 말했다.

"처음에는 왜 하냐고 물을 테지만, 나중에는 어떻게 해낸 거냐고 물을 것이다."

여행을 통해 얻은 인생의 깨달음과 강인함으로 내 꿈을 향해 한 걸음씩 나아가다 보면, 언젠가 누군가는 내게 이렇게 물을 것이다.

"어떻게 해낸 겁니까?" 라고.

마리엔베르크 전망대에서

끝나지 않을 여정, ~ing

성찰과 각성 없는 삶은 관성의 지배를 받는다. 나의 여행은 처음엔 숨 가쁠 정도로 성급하고 부산했다. 쉼표 없는 악보였다. 일상의 분주함에서 도망쳤지만, 여행도 분주하기는 마찬가지였다. 현실을 잊으려고 일부러 쉴 틈을 지워버린 면도 있었다. 그래도 그렇게 달리다보니 어느 순간 걸음이 느려졌고, 느려진 보폭 사이로 전에 없던 생각들이 흘러들었다.

나는 왜 지금 이곳에 있는지, 나는 누구이며, 돌아가서는 어떤 나로 살아야 하는지.

세상 밖을 향한 여행은 결국 내 안의 세계로 떠나는 여정이 되었다. 여행은 단순한 '쉼' 이 아닌 '앎' 의 과정이었다. 그 앎의 대상은 다름 아닌 '나' 라는 존재였다. 여행은 그렇게 전혀 다른 모양새가 되어 나에게 들어왔다. 그리고 나를 바꿔가기 시작했다. 그 숱한 도시를 향한 나의 여정은 결국 지금의 나를, 내 삶을 더 단단하게 만들어준 원동력이 되었다.

나는 평범한 직장인이다. 모험가도 전문 여행가도 아니다. 그저 여행이 찾아준 삶의 의미와 이유에 설득당하며, 매번 떠났고 새로운 길을 찾았으며, 낯선 나를 마주하고 다시 일상으로 돌아왔다. 일상의 흩어진 시간을 이어 담고, 한 푼 두 푼 소중히 모으고 모아 떠난 여행이었다. 내게 여행은 사치가 아니라 사는 데 필요한 양식이었다. 잠든 나를 깨워 일으키는 자명종이었다.

힘든 여정에 고된 순간도 많았다. 혼자 견뎌야 했던 거친 시간 속에 갇혀 있기도 했다. 그럼에도 내가 떠난 모든 여행은 좋았다. 그 누구도 아닌, 내가 선택했던 순간들이었기에, 어느 것 하나 빠짐없이 모두 특별했다.

떠난 후에야 비로소 알 수 있었다. 내게 가장 소중한 것은 다름 아닌 내 일상, 아주 가까운 곳에 있다는 것을. 그래서 더욱 충실하게 살아갈 수 있었다. 그것이 여행이 내게 준 가장 큰 선물이다.

밤은 때가 되면 찾아오고, 아침은 애쓰지 않아도 밝아온다. 어둠이 나를 영원히 지울 수 없고, 밝음 역시 영원히 나를 비출 수 없으니, 어둠에 굴복하지 말고, 밝음에도 들뜨지 않은 채 나는 낯선 자로서 다음 여행을 채비한다.

나의 여행은 계속될 것이다.

한 계단을 오르고 나면 조금 더 좋은 내가 되길 바라며.

나에게, 그리고 나와 마주칠 이 모든 세계에도. 언제일지 모르는 인생 마지막 순간, "더할 나위 없었다"고 말할 수 있기를….

당신이 생각한 마음까지도 담아 내겠습니다!!

책은 특별한 사람만이 쓰고 만들어 내는 것이 아닙니다.
원하는 책은 기획에서 원고 작성, 편집은 물론,
표지 디자인까지 전문가의 손길을 거쳐
완벽하게 만들어 드립니다.
마음 가득 책 한 권 만드는 일이 꿈이었다면
그 꿈에 과감히 도전하십시오!

업무에 필요한 성공적인 비즈니스뿐만 아니라 성공적인 사업을 하기 위한
자기계발, 동기부여, 자서전적인 책까지도 함께 기획하여 만들어 드립니다.
함께 길을 만들어 성공적인 삶을 한 걸음 앞당기십시오!

도서출판 모아북스에서는 책 만드는 일에 대한 고민을 해결해 드립니다!

모아북스에서 책을 만들면 아주 좋은 점이란?

1. 전국 서점과 인터넷 서점을 동시에 직거래하기 때문에 책이 출간되자마자 온라인, 오프라인 상에 책이 동시에 배포되며 수십 년 노하우를 지닌 전문적인 영업마케팅 담당자에 의해 판매부수가 늘고 책이 판매되는 만큼의 저자에게 인세를 지급해 드립니다.

2. 책을 만드는 전문 출판사로 한 권의 책을 만들어도 부끄럽지 않게 최선을 다하며 전국 서점에 베스트셀러, 스테디셀러로 꾸준히 자리하는 책이 많은 출판사로 널리 알려져 있으며, 분야별 전문적인 시스템을 갖추고 있기 때문에 원하는 시간에 원하는 책을 한 치의 오차 없이 만들어 드립니다.

기업홍보용 도서, 개인회고록, 자서전, 정치에세이, 경제 · 경영 · 인문 · 건강도서

모아북스
MOABOOKS 문의 0505-627-9784

내 글도 책이 될까요?
이해사 지음
320쪽 | 15,000원
2021 우수출판콘텐츠 선정

걷다 느끼다 쓰다
이해사 지음
364쪽 | 15,000원

누구나 쉽게 작가가
될 수 있다
신성권 지음
284쪽 | 15,000원

책 속의 향기가 운명을 바꾼다
다이애나 홍 지음
260쪽 | 12,000원

세종실록에 숨은
훈민정음의 비밀
우세종 지음
288쪽 | 19,800원

독한 시간
최보기 지음
248쪽 | 13,800원

독서로 말하라
노충덕 지음
240쪽 | 15,000원
2018 문화체육관광부 주최
도깨비 책방 선정

베스트셀러 절대로
읽지마라
김욱 지음
288쪽 | 13,500원

그래도 여행은 하고 싶어

초판 1쇄 인쇄 2025년 05월 09일
2쇄 발행 2025년 05월 15일

지은이 이희진
발행인 이용길
발행처 모아북스
         MOABOOKS

관리 양성인
디자인 이룸
홍보 김선아

출판등록번호 제 10-1857호
등록일자 1999. 11. 15
등록된 곳 경기도 고양시 일산동구 호수로(백석동) 358-25 동문타워 2차 519호
대표 전화 0505-627-9784
팩스 031-902-5236
홈페이지 www.moabooks.com
이메일 moabooks@hanmail.net
ISBN 979-11-5849-272-4 03900

모아북스 는 독자 여러분의 다양한 원고를 기다리고 있습니다.
MOABOOKS
(보내실 곳 : moabooks@hanmail.net)